grupoterapias

O83g Osorio, Luiz Carlos
      Grupoterapias : abordagens atuais / Luiz Carlos Osorio. –
  Porto Alegre : Artmed, 2007.
      176 p. : il ; 23 cm.

  ISBN 978-85-363-0920-0

  1. Psicanálise. 2. Terapia de Grupo. Título.

  CDU 364.044.26

Catalogação na publicação: Juliana Lagôas Coelho – CRB 10/1798

LUIZ CARLOS OSORIO
Médico psiquiatra, psicanalista, grupoterapeuta, terapeuta
de casais e famílias e consultor de sistemas humanos.

grupoterapias
ABORDAGENS ATUAIS

artmed

2007

© Artmed Editora S. A., 2007

Capa: *Carlos Eduardo Machado Borges*

Preparação do original: *Maria Edith Pacheco*

Supervisão editorial: *Mônica Ballejo Canto*

Editoração eletrônica: *Formato Artes Gráficas*

Reservados todos os direitos de publicação, em língua portuguesa, à
ARTMED® EDITORA S.A.
Av. Jerônimo de Ornelas, 670 - Santana
90040-340 Porto Alegre RS
Fone (51) 3027-7000 Fax (51) 3027-7070

É proibida a duplicação ou reprodução deste volume, no todo ou em parte,
sob quaisquer formas ou por quaisquer meios (eletrônico, mecânico, gravação,
fotocópia, distribuição na Web e outros), sem permissão expressa da Editora.

SÃO PAULO
Av. Angélica, 1091 - Higienópolis
01227-100 São Paulo SP
Fone (11) 3665-1100 Fax (11) 3667-1333

SAC 0800 703-3444

IMPRESSO NO BRASIL
PRINTED IN BRAZIL
Impresso sob demanda na Meta Brasil a pedido de Grupo A Educação.

Sumário

INTRODUÇÃO 7

Parte I
UM OLHAR RETROSPECTIVO

1 Breve histórico das terapias grupais a partir da psicanálise 11
2 Psicodrama: uma terapia grupal desde suas origens 23
3 A contribuição da dinâmica de grupos.. 27
4 As formas híbridas de terapia grupal 31
5 Terapias grupais derivadas de outros marcos referenciais
   teórico-técnicos 37
6 Grupos terapêuticos experimentais 43
7 Comunidades terapêuticas: ponto de mutação no atendimento
   dos hospitais psiquiátricos 47

Parte II
NOVOS CAMINHOS

8 O impacto dos novos paradigmas sobre as terapias grupais 55
9 Terapia familiar sistêmica: a expressão clínica
   dos novos paradigmas 65
10 Terapia comunitária: no âmbito das redes sociais 69
11 Revisando conceitos, teorias e abordagens à luz
    dos novos paradigmas 73
12 Da grupanálise à grupoterapia transdisciplinar 81

Parte III
REVISITANDO QUESTÕES DA PRÁTICA GRUPAL

13 Clínica grupal 87

Parte IV
MODALIDADES DE ATENDIMENTO GRUPAL

14 Grupos heterogêneos e homogêneos 101
15 Terapia de famílias e de casais 111
16 Cuidando dos cuidadores 129
17 Laboratórios de relações interpessoais 137

Parte V
UM OLHAR PROSPECTIVO

18 Avaliação de resultados em grupoterapias 143
19 Grupoterapeutas: com que "formação" (ou aprendizagem)? 149
20 O futuro das grupoterapias 167

Referências 173

Introdução

As terapias grupais, desde seu advento como modalidade específica de ajuda emocional, merecem um *coup d'oeil* sobre sua evolução, bem como um balanço de sua contribuição atual ao espectro psicoterápico com um olhar prospectivo sobre suas possibilidades.

Preliminarmente, estabeleçamos, para os fins em pauta neste livro, que não faremos distinção aqui entre "psicoterapias" e "terapias", que acabaram por se constituir em eufemismos contemporâneos para justificar a reivindicação por fatias do mercado de trabalho entre profissionais da área de saúde que se dedicam ao tratamento de problemas emocionais.

Recorde-se, de passagem, que a expressão "terapia", de etimologia oriunda do grego *therapeía*, tem em suas origens um sentido assaz abrangente, o qual permite que se incluam procedimentos tão díspares como o seriam intervenções médicas de um lado e práticas místico-religiosas de outro, e não exclui os recursos disponibilizados pela própria natureza para a manutenção da saúde dos seres vivos em geral. Assim, o que se considera o elemento comum a toda ação dita terapêutica é o cuidado proporcionado, ou seja, para haver uma ação terapêutica é necessário a interação entre cuidadores e cuidandos. Esse é o sentido *lato* que consideraremos, nos textos a seguir, as grupoterapias.

Inicialmente, na Parte I, lançaremos um olhar retrospectivo sobre a evolução das abordagens grupais inseridas no paradigma linear, padrão causa-efeito, que foi hegemônico como marca-passo da evolução científica até meados do século passado. Nele se inserem todos os referenciais teórico-técnicos surgidos sob a égide desse paradigma, tais como a psicanálise, o psicodrama, a dinâmica de grupos ou os grupos operativos.

Na Parte II, vamos considerar o impacto dos novos paradigmas sobre as terapias grupais, os questionamentos e as transformações que suscitam, e aludir às modalidades de abordagem terapêutica dos grupos que surgiram na esteira da teoria sistêmica e seus desdobramentos.

Atendendo ao propósito didático subjacente à elaboração deste livro, na Parte III, nos deteremos no exame de algumas questões da prática grupal de interesse geral.

Na parte IV, discorreremos sobre as modalidades de atendimento grupal com as quais estamos familiarizados.

Na Parte V, apresentaremos avaliações realizadas a partir de nossa experiência pessoal com duas modalidades de abordagens grupais, na tentativa de preencher lacunas na investigação dos resultados das grupoterapias, discorrendo sobre a aprendizagem das grupoterapias e referindo a experiência na capacitação de profissionais para o trabalho terapêutico com grupos.

Finalmente, vamos considerar as perspectivas e as tendências das terapias grupais no limiar deste milênio, em que tudo leva a crer que os grupos e não os indivíduos isoladamente, é que irão monitorar os progressos da ciência e os avanços da civilização, por meio de práticas solidárias e de construções coletivas, que identificarão a era da grupalidade que se avizinha.

PARTE I
Um olhar retrospectivo

# 1
Breve histórico das terapias grupais a partir da psicanálise

O *grupo* como um espaço terapêutico remonta a tempos imemoriais. Pode-se imaginar seres primevos intercambiando cuidados, seja no contexto das famílias primordiais ou nos arcaicos clãs que esboçaram a ordem social, quando a linguagem verbal não passava de grunhidos para veicular emoções ou para tentar expressar conteúdos fragmentários de pensamento e mais se valia do não-verbal para comunicar as necessidades uns aos outros.

Dê-se agora um salto por muitos milênios do processo de civilização até o século XX, para encontrar aquele que se considera o protótipo de um grupo com objetivos explicitamente terapêuticos, na experiência de Pratt com seus pacientes tuberculosos. Ele observou que esses pacientes, reunidos na sala de espera de um dispensário enquanto aguardavam suas consultas, interagiam e estabeleciam relações emocionais que melhoravam seu estado de ânimo. Isso o estimulou a reuni-los, inicialmente para dar-lhes um curso de higiene pessoal, e logo mais com o propósito de que trocassem suas experiências na maneira como enfrentavam a enfermidade. Mais adiante, introduziu no grupo o testemunho de pacientes que se haviam curado, para animá-los com esperança em relação aos resultados do tratamento, prática que foi retomada depois pelos chamados "grupos de auto-ajuda". Assim, ele estabeleceu um *setting* grupal que consistia em reuniões semanais de uma hora e meia de duração com a presença de aproximadamente 20 pacientes, sentando-se a seu lado aqueles que haviam mostrado progressos e podiam se constituir em exemplos a ser seguido pelos demais.

Pratt, portanto, foi o primeiro a utilizar de forma sistemática e intencional as emoções suscitadas nas interações ocorridas em um espaço grupal para a obtenção de resultado terapêutico. O método concebido por ele pode ser descrito como o de uma psicoterapia pelo grupo e pode ser expresso graficamente da seguinte forma:

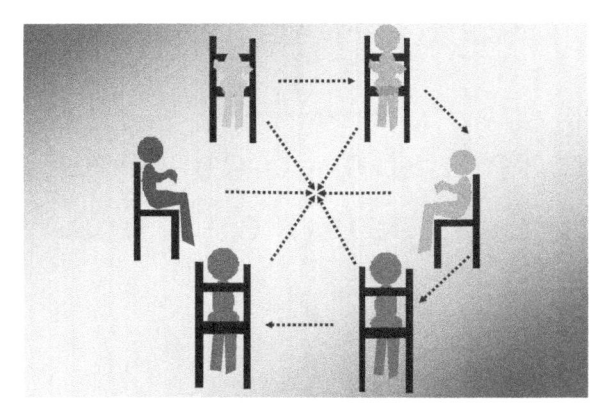

Figura 1.1 Psicoterapia pelo grupo.

Pratt, contudo, não era um psicanalista, apenas aparece aqui como um precursor das grupoterapias que, mais adiante, sob a influência da teoria e da técnica psicanalíticas, experimentaram uma crescente e continuada demanda como modalidade de ajuda emocional, ainda que a psicanálise como instituição sempre tenha tratado suas formas grupais de emprego terapêutico como "filhas bastardas" do método criado por Freud.

Mas quando, afinal, entrou em cena a psicanálise em suas aplicações à terapia grupal?

Já em 1918, durante o congresso psicanalítico de Budapeste, Freud, ao considerar os diversos desenvolvimentos possíveis na terapia psicanalítica, previa a possibilidade de ter que adaptar a técnica analítica às demandas criadas pela enorme carga de sofrimento neurótico existente no mundo. Ainda que não tivesse em mente na ocasião a abordagem psicanalítica dos grupos, podemos considerar que ela começava a surgir nas preocupações que Freud então externou sobre a restrição dos benefícios da análise a uma fração mínima da sociedade.

Pratt, como vimos, ocupou-se de um grupo com pacientes que apresentavam o mesmo quadro mórbido, a tuberculose. Essa tipologia grupal depois foi descrita como "grupo homogêneo" (ou "de sofrimento compartilhado", como prefiro chamá-lo), em oposição aos grupos ditos "heterogêneos", constituídos por pacientes que apresentam problemas emocionais diversos e/ou sintomatologia polimorfa em nível neurótico e, portanto, considerados capazes de se beneficiar com a adaptação para o contexto grupal do método analítico criado por Freud para a situação dual paciente-analista.

Embora muitos considerem Schilder o introdutor, nos anos de 1930, do método analítico na psicoterapia de grupo, parece-nos que o mais adequado seria considerar Foulkes, em meados dos anos de 1940, como quem realmente procurou dar uma feição própria ao que viria então denominar-se *grupanálise*. Schilder privilegia o enfoque individual, embora o empregando conjuntamente com o grupal. Seu método preconizava a realização de entrevistas preparatórias ao ingresso no grupo, em que, além da coleta da história pessoal dos participantes, estes eram ensinados a associar livremente. Pouca atenção era dada à relação dos pacientes entre si, pois Schilder acreditava que, mesmo no contexto grupal, a tônica recaía na relação transferencial com o terapeuta. Shilder entendia que os pacientes poderiam resolver seus conflitos individuais quando os discutiam livremente no grupo, mas não como uma ação terapêutica do próprio grupo. Assim, Schilder nunca considerou o grupo como uma unidade terapêutica propriamente dita, e podemos dizer que tratava seus pacientes coletivamente, ou seja, simultânea, mas individualmente. É o protótipo do que hoje consideramos tratar o paciente *em* grupo, não *pelo* grupo, e, menos ainda sua técnica pode ser considerada uma psicoterapia *de* ou *do* grupo. Por outro lado, parece ter escotomizado as dificuldades transferenciais e contratransferenciais provenientes de um modelo híbrido de terapia individual e grupal.

O método criado por Schilder pode assim ser expresso graficamente:

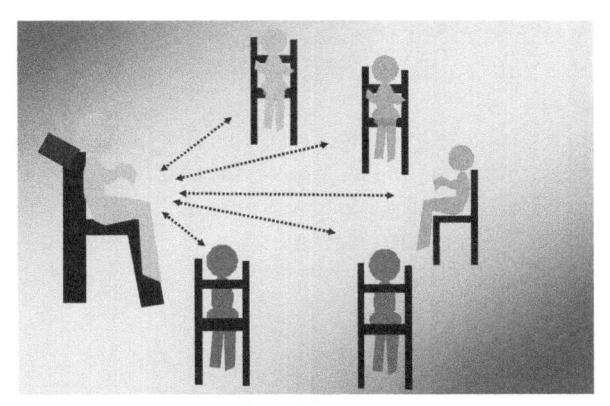

Figura 1.2 Psicoterapia em grupo.

Foulkes preocupou-se, desde os primórdios, em descrever as peculiaridades da abordagem grupal, bem como em estabelecer suas fronteiras com a análise individual. Entre as suas principais contribuições à definição das grupoterapias como tendo um marco referencial teórico próprio está sua noção de *matriz*, que ele nos apresenta como sendo a trama (rede) comum a todos os membros. Dependem dela o significado e a importância de tudo o que ocorre no grupo, e se referem a ela todas as comunicações e interpretações, verbais ou não, que circulam no grupo. Os pacientes seriam, portanto, os pontos nodais dessa rede, que é dotada de características de conjunto distintas da soma de relações nele processadas.

Foulkes foi ainda quem pela primeira vez preocupou-se em descrever fenômenos específicos do campo grupal, que denominou de *reações G*. Entre elas são mencionadas a *busca de homeostase* por parte do grupo, ou seja, o grupo procura atingir um equilíbrio entre as ansiedades de seus diferentes membros e alcançar um estado de mínima perturbação; as *transferências cruzadas*, que são transferências de membros do grupo uns em relação aos outros; a *transferência múltipla*, que é uma derivação da transferência primária para o terapeuta vivenciada em relação a outro paciente do grupo; as *associações reativas*, provocadas sob forma de um protesto contra estados de ânimo, verbalizações ou ações físicas de outro membro do grupo ou do grupo todo; a *reação em carambola*, reflexo do contágio emocional em cadeia que pode se estabelecer a partir de uma manifestação verbal ou mesmo não-verbal de determinado membro; a *formação de subgrupos ou alianças* entre dois ou mais membros do grupo com finalidades defensivas; o *espelhamento*, em que cada paciente pode perceber aspectos seus que ignorava espelhados nos demais componentes do grupo e por eles assinalados; e, finalmente, a *ressonância*, a possibilidade de que determinada manifestação de um membro do grupo encontre uma equivalência afetiva e desperte emoções similares em outro participante.

O método de Foulkes, que serviu de referência para todos os desdobramentos posteriores da grupanálise, mais conhecida na América Latina como psicoterapia analítica de grupo ou grupoterapia analítica pode ser graficamente representado da seguinte forma:

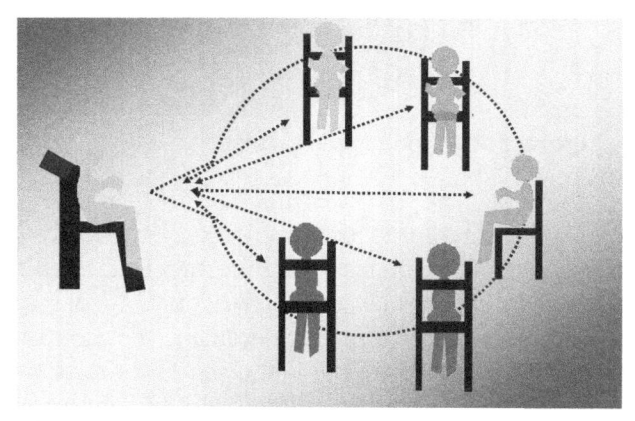

Figura 1.3 Psicoterapia de grupo.

Outros dois autores, um da escola americana, Slavson, e outro da escola britânica, Ezriel, destacaram-se por suas contribuições nesses movimentos iniciais da grupoterapia de base psicanalítica nos anos de 1940 e 1950: o primeiro, ao pôr ênfase na presença dos elementos básicos da psicanálise (transferência, interpretação de conteúdos latentes, busca de *insight*, etc.) no contexto grupal e o segundo, ao desenvolver sua teoria da interpretação, postulando a possibilidade de interpretar o denominado "material profundo" tanto na situação individual como grupal.

Mas foi Bion, oriundo do mesmo casulo institucional de Foulkes e Ezriel, a Clínica Tavistock, de Londres, quem trouxe as contribuições mais significativas ao delineamento de uma teoria psicanalítica dos grupos, a partir de seu conceito dos *supostos básicos*, se destacando na segunda metade dos anos de 1940.

Enquanto Foulkes, com sua noção de *matriz*, apontava para a dimensão geradora do grupo, com sua condição de ser não só a origem como o continente para a expressão de vivências relacionais peculiares, Bion centrou-se nos estados mentais que tais vivências desencadeiam.

Quando um grupo se reúne para desenvolver um trabalho, seja de que natureza for (terapêutico, de aprendizagem, institucional), está sujeito ao surgimento de certos estados mentais compartilhados que se opõem ao cumprimento da tarefa designada e que consistem nos chamados *supostos básicos*. Assim, no estado mental do suposto básico denominado de *dependência*, o grupo se comporta como se estivesse à espera dos cuidados e da liderança de alguém (geralmente o terapeuta ou coordenador do grupo, mas eventualmente algum de seus participantes) para desenvolver sua tarefa; no suposto básico de *luta-fuga*, há um movimento de confronto ou evitamento das situações ansiogênicas, bem como de enfrentamento ou afastamento das lideranças emergentes no grupo; e, no suposto básico de *acasalamento* há uma expectativa messiânica com relação às soluções que possam ser trazidas por algo ou por alguém que ainda não chegou ao grupo e que será gerado pelo apareamento entre dois elementos do grupo, incluindo ou não o terapeuta (coordenador). Contrapondo-se aos mencionados estados mentais, estaria o do *grupo de trabalho*, quando predomina o estado racional, colaborativo, de prontidão para a realização da tarefa.

Bion considera que tanto a mentalidade do grupo de trabalho quanto a dos grupos de supostos básicos (dita primitiva) são dotações etológicas do homem, por ser ele um animal gregário, e coexistem no acontecer grupal.

Na segunda metade do século passado, a denominada escola argentina, representada por Grinberg, Rodrigué e Langer (autores de um livro clássico intitulado *Psicoterapia do grupo*, publicado em 1957, e que foi referência obrigatória para a primeira geração de grupoterapeutas latino-americanos), contribuiu principalmente na elaboração de um modelo clínico de abordagem grupal. Esse modelo está consubstanciado no que chamam psicoterapia *do* grupo, em que a ênfase é posta na atitude interpretativa dirigida ao grupo. Na descrição dos próprios autores, sua metodologia caracteriza-se por: a) interpretar o grupo como um todo, assinalando o clima emocional com suas oscilações e fantasias subjacentes; b) interpretar em função dos papéis, por considerar que eles estão em função de uma situação ou sentimento comum ao grupo; c) interpretar a atitude e as fantasias do grupo em relação a determinada pessoa – seja ela participante do grupo ou não – e ao terapeuta; d) interpretar em termos de subgrupos, como partes complementares de um todo, como índice de desintegração desse todo e como dramatização das fantasias inconscientes; e e) interpretar em função do "aqui e agora", cujo campo está configurado pela interação e pela sobreposição das crenças e atitudes de cada um dos integrantes em relação ao grupo como totalidade, em relação aos outros membros e em relação ao terapeuta.

Podemos representar graficamente da seguinte forma o método preconizado por Grinberg, Rodrigué e Langer para abordar terapeuticamente os grupos:

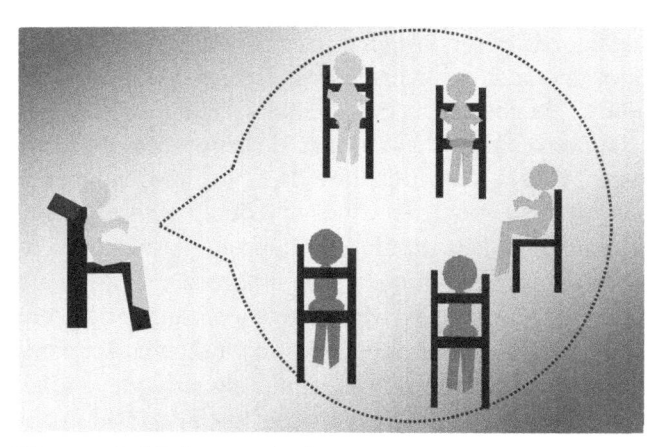

Figura 1.4 Psicoterapia de grupo.

Nas décadas de 1960 e 1970 outras contribuições teóricas à psicanálise aplicada aos grupos foram sendo acrescentadas às já mencionadas, tais como a da chamada escola francesa (representada por Anzieu e Käes), que focaram, sobretudo, a possibilidade de desenvolver uma abordagem do grupo coerente com as formulações originais de Freud e com o *setting* analítico tradicional. Anzieu, que mais adiante veremos também referido na criação do psicodrama psicanalítico, formulou as idéias da ilusão grupal e do grupo como invólucro, e Käes, na sua tentativa de fornecer elementos para uma teoria psicanalítica dos grupos, elaborou a noção de um aparelho psíquico grupal e desenvolveu o conceito de cadeia associativa grupal.

Entre os principais aportes para a teoria psicanalítica aplicada aos grupos nos anos de 1980 e 1990 deve-se mencionar Cortesão, o introdutor da grupanálise em Portugal e, mais recentemente, o italiano Neri. O primeiro é um discípulo de Foulkes, e o segundo desenvolve suas contribuições a partir de Bion.

Cortesão elaborou seu conceito de *padrão grupanalítico* a partir da idéia de Foulkes sobre a matriz grupal. O padrão seria o conjunto de atitudes do grupanalista, constituindo um fator específico dentro de um contexto específico – a matriz do grupo. Segundo Cortesão, padrão aqui estaria sendo usado no sentido etimológico do sânscrito *pä*, que significa semear, nutrir, fomentar, e não conforme suas origens latinas, na acepção de *pater, patronus*, o que serve para ser seguido ou imitado. O autor sugere, portanto, que com suas atitudes o analista funciona como um *emissor de significados* (expressão minha) ou transmissor de algo que se vincula à natureza terapêutica do grupo.

Cortesão (1989) trabalhou ainda intensamente na definição do que é o processo grupanalítico, definindo-o como "o modo pelos quais as várias dimensões teóricas e técnicas – que contribuem para dar corpo e forma à terapia grupal – são estruturadas, organizadas e desempenham uma função". Neri (1995), por sua vez, ao tratar do desenvolvimento dos processos do grupo, descreve o que chama *estado grupal nascente*, que corresponde ao momento em que o grupo começa a tomar forma como unidade, e o *estágio da comunidade dos irmãos*, momento em que o grupo se constitui plenamente como tal, e torna-se um agente coletivo, capaz de pensar e de elaborar. Para Neri, em consonância com as idéias bionianas, o grupo seria fundamentalmente um espaço de elaboração mental, e a função do terapeuta não seria tanto interpretar conteúdos, mas oferecer condições para que se processe e para que se possa operar de modo eficaz o pensamento grupal.

Como vemos, uma constante na evolução da grupanálise foi o esforço de seus praticantes em adaptar procustianamente não só a técnica como a metapsicologia freudiana à situação grupal. Esse é seu ponto mais vulnerável e polêmico, fonte de reiterados questionamentos por parte daqueles que buscam um modelo epistêmico congruente com o objeto a abordar, ou seja, o grupo.

Outra não foi a razão pela qual mais recentemente, nos anos de 1980, Puget, Berenstein e outros grupanalistas argentinos, apoiando-se na teoria dos vínculos elaborada por Pichon-Rivière nos anos de 1950 e 1960, cientes de que o foco no intrapsíquico, origem e destino do método analítico individual, era uma limitação não só a uma melhor compreensão dos processos grupais como à instrumentação de uma técnica adequada ao contexto intersubjetivo do grupo, propuseram a expressão psicanálise das configurações vinculares, para focalizar o objetivo das intervenções do grupoterapeuta e enfatizar as diferenças da abordagem psicanalítica quando se trata de grupos (aqui também incluindo-se casais, famílias e instituições).

A psicanálise das configurações vinculares constituiu-se, antes de tudo, em uma tentativa de promover uma adequação epistemológica à circunstância de que é o grupo, e não o indivíduo, o objeto de análise dos grupanalistas, pareando o intersubjetivo e o intrapsíquico. A partir da última década do século XX vem se tornando o principal referencial teórico-técnico entre os grupanalistas do cone sul-americano, sobretudo Argentina, Uruguai e Brasil.*

Os psicanalistas das configurações vinculares têm divergido quanto ao lócus do vínculo, se está presente no mundo representacional de nossa intersubjetividade ou apenas quando consideramos a presença "real" do outro no campo interpessoal. Esta discussão em torno da exteriorização ou não do vínculo em relação ao aparelho psíquico evidencia que a questão está centrada no reconhecimento das fronteiras entre o mundo representacional e o relacional, ou seja, entre o que diz respeito às relações de objeto como representações intrapsíquicas e estas mesmas relações enquanto vivenciadas no espaço interacional.

Por outro lado, deve-se reconhecer que houve um significativo progresso na direção de um método teoricamente congruente com a abordagem grupal por parte desta nova vertente grupanalítica, que pode ser expressa graficamente da seguinte forma:

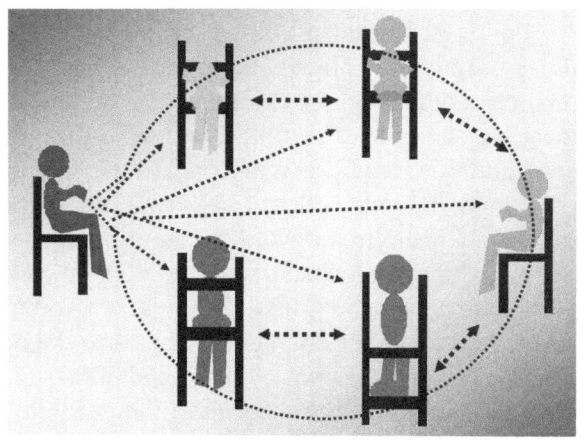

Figura 1.5 Psicanálise das configurações vinculares.

---

* Ver obra de Fernandes, Svartman e Fernandes, *Grupos e configurações vinculares*, Artmed, 2003, como a primeira publicação de vulto entre nós, brasileiros, sobre esta nova corrente do pensamento grupanalítico.

Como observa Cortesão, a grupanálise e a psicanálise devem ser conceituadas e descritas como métodos de investigação e terapia diferentes, ainda que não contraditórios, com bases teóricas comuns, mas procedimentos operatórios distintos.

A psicanálise também trouxe significativa contribuição à abordagem do grupo familiar, embora, por razões que abordaremos mais adiante, costuma-se vincular a terapia de famílias com as teorias sistêmica e da comunicação humana, que lhe dão sustentação e cujo surgimento acompanhou *paripassu* como sua expressão clínica.

Entre os psicanalistas que trouxeram seu aporte à terapia do grupo familiar, sobressai-se Ackermann, considerado por muitos como o pai dessa terapia.

Para alguns psicanalistas, a terapia de famílias começou com Freud, quando ele empreendeu o tratamento do menino com fobia de cavalos, o pequeno Hans, em 1905, no qual o pai do garoto foi introduzido como agente terapêutico. Mas na verdade foi Ackermann, psiquiatra infantil e psicanalista, quem, aos 29 anos, em 1937, publicou o primeiro artigo sobre o tratamento de famílias visualizadas como uma unidade emocional e social, tendo se utilizado do referencial psicanalítico durante seus longos anos de atividade profissional com famílias. O primeiro livro inteiramente dedicado ao diagnóstico e tratamento das famílias foi também de autoria de Ackermann, intitulando-se *A psicodinâmica da vida familiar*, publicado em 1958. Ackermann migrara com sua família, quando tinha 4 anos, da Rússia para os Estados Unidos, fugindo da pobreza e do anti-semitismo quando da eclosão da Primeira Guerra Mundial, fundou, em 1965, o prestigiado Instituto da Família (mais tarde denominado Instituto Ackermann, em sua homenagem) na cidade de Nova York, faleceu, aos 62 anos, em 1971.

O Instituto Ackermann caracterizou-se por seu ecletismo, pois, embora fundado e liderado por um psicanalista, tornou-se um importante centro de treinamento em terapia familiar sistêmica, onde passaram a lecionar figuras bastante conhecidas no movimento sistêmico por sua produção científica, tais como Peggy Penn, Peggy Papp, Olga Silverstein e outros.

Tanto na terapia de famílias de orientação psicanalítica, como posteriormente na sistêmica, a primazia coube aos norte-americanos, e não aos europeus. Não obstante, foi na Europa que o movimento de terapia familiar psicanalítica expandiu-se e adquiriu seu maior significado. Podemos situá-lo em três principais eixos: a Clínica Tavistock, em Londres, de marcada influência kleiniana; o grupo francês, liderado por André Ruffiot (*La thérapie familiale psychanalytique*, 1981) e Alberto Eiguer (*Un divan pour la familie*, 1983); e o grupo alemão, representado por Horst Richter (*The family as a patient*, 1974).

Ainda que o *boom* das terapias familiares tenha ocorrido sob a égide da terapia sistêmica e que a psicanálise, por ser fundamentalmente baseada em uma relação dual, tenha influenciado sobretudo as psicoterapias individuais e bem menos significativamente as grupais, sua contribuição à terapia familiar tem sido valorizada por oportunizar a abordagem compreensiva da família, aproximando-nos ao conhecimento dos seus psicodinamismos. As intervenções privilegiam não as mudanças de comportamentos e sim as resoluções dos conflitos interpessoais a partir da elucidação das motivações inconscientes dos membros da família. Como observa um de seus principais adeptos em nosso meio, Luiz Meyer:

> O terapeuta que escolhe trabalhar com um referencial de orientação psicanalítica deve optar por outro tipo de intervenção. Seu objetivo não será a modificação do comportamento (...) Apesar de vinculado ao sistema o terapeuta não está lá para anuir a suas exigências (...) O terapeuta está lá para desvendar o significado inconsciente dessas exigências, para examinar sua natureza, sua origem emocional e as conseqüências e repercussões criadas por essas exigências. Seu compromisso é compartilhar com a família sua percepção e seu entendimento da natureza e funcionamento dos objetos abrigados pela família.

O centro de referência mais importante para os terapeutas familiares que trabalham segundo o marco referencial analítico é a Clínica Tavistock, de Londres. Ela não é representada por nenhum autor em particular, mas sim como um grupo que criou um espaço para pensar sobre famílias psicanaliticamente, e publicou em 1981 uma obra de referência intitulada *Psychotherapy with families: an analytic approach*, na qual seus autores evidenciam abordagem apoiada em dois desenvolvimentos específicos: a teoria kleiniana das relações objetais e as contribuições posteriores de Bion e a aplicação dessa teoria à compreensão das relações grupais levada a efeito pelo próprio Bion e outros, como A.K. Rice, E. Jaques e P.M. Turquet. Suas elaborações teóricas giram em torno de conceitos classicamente adotados por esta escola, tais como o de identificação projetiva, de Melanie Klein, e o de continente-conteúdo (*revêrie*), de Bion.

O grupo francês talvez fosse o que mais somou esforços para conceitualizar psicanaliticamente a terapia familiar, sabendo-se que a França é o país onde se encontra maior resistência à penetração do movimento sistêmico. Os terapeutas familiares franceses situam-se no que chamam o "pólo psicanalítico grupalista", que parte, para suas concepções, do grupo familiar dos trabalhos de Anzieu (sobre o inconsciente grupal, em 1975) e Kaës (sobre o aparelho psíquico grupal, em 1976) para elaborar não só uma teoria como uma práxis psicanalítica com o grupo familiar. Em sua abordagem, são usados recursos técnicos peculiares ao método psicanalítico, tais como as associações livres e a análise dos sonhos produzidos por membros da família no contexto das sessões. Da mesma forma que o grupo da Clínica Tavistock, os franceses dão ênfase aos fenômenos transferenciais e à elaboração das fantasias inconscientes como elemento axial da técnica analítica aplicada ao grupo familiar.

Quanto a Richter, psicanalista alemão, procurou fazer uma leitura da psicopatologia familiar a partir do referencial das neuroses de caráter descritas pela psicanálise, rotulando as famílias como famílias com neurose de ansiedade, famílias histéricas, paranóides e assim por diante.

Esse é, muito sucintamente, o panorama das terapias do grupo familiar que se apóiam no referencial psicanalítico. Talvez ainda merecesse uma citação particular o já mencionado Pichon-Rivière, que elaborou a teoria dos vínculos e que já nos anos de 1960 abordava o grupo familiar com um enfoque operativo e mencionava os mal-entendidos como a enfermidade básica da família. E ainda o próprio Foulkes, que, como lembra seu discípulo e também consagrado grupoterapeuta espanhol Juan Campos, por seu interesse e publicações voltados ao desenvolvimento da grupanálise acabou não tendo suas idéias sobre a abordagem do grupo familiar reconhecidas como merecem.

2

Psicodrama: uma terapia grupal desde suas origens

Método psicoterápico de grupo por excelência, o psicodrama, desde seus primórdios, estabeleceu um *setting* basicamente grupal, com a presença do terapeuta (diretor de cena), seus egos auxiliares e os pacientes (tanto como protagonistas como público). Aliás, a expressão "psicoterapia de grupo" foi utilizada pela primeira vez por Moreno, médico vienense criador do psicodrama.

Moreno vincula a criação do psicodrama como método psicoterápico de abordagem de conflitos interpessoais ao seguinte episódio, ocorrido em 1922, quando, segundo ele, houve a passagem do teatro da espontaneidade que criara anteriormente para o teatro terapêutico, e que vai logo a seguir transcrito com suas próprias palavras:

> Tínhamos uma jovem atriz, Bárbara, que se sobressaía em papéis de ingênua e que se enamorou de Jorge, um espectador que se sentava na primeira fila, com o qual desenvolveu um romance. Casaram-se e nada mudou, continuando ela a ser a principal atriz e ele o principal espectador, por assim dizer. Um dia Jorge me procurou dizendo que não podia mais suportar este ser tão angelical e doce nas apresentações, mas que na convivência privada com ele se comportava como um ser endemoniado, ofendendo-o e até mesmo o agredindo fisicamente. Propus que viesse esta noite ao teatro como de hábito que iria provar um "remédio". E quando Bárbara chegou disposta a desempenhar um de seus papéis habituais de pura feminidade sugeri-lhe que tentasse representar uma mulher vulgar e ofereci-lhe uma cena em que faria o papel de uma prostituta que seria atacada e assassinada por um estranho. Repentinamente Bárbara passou a atuar de uma forma totalmente inesperada, golpeando o outro ator com seus punhos e lhe dando pontapés repetidas vezes, enfurecendo-o de tal sorte que o público levantou-se pedindo que o detivessem. Depois da cena, Bárbara estava exuberante de alegria, abraçou Jorge e foram para casa. Nas noites seguintes seguiu representando papéis abjetos e Jorge me procurou para dizer que algo estava se passando com ela, pois embora ainda tivesse acessos de mau humor estes eram

mais breves e menos intensos e por vezes se interrompiam com os dois rindo-se ao associá-los com as cenas que agora vinha fazendo no teatro. Posteriormente lhes sugeri que Jorge atuasse no cenário e que eles aí repetissem as cenas que tinham em sua casa. Depois passaram a representar cenas de sua infância, retratando suas respectivas famílias, bem como de seus sonhos e seus planos para o futuro. Os espectadores vieram me perguntar por que as cenas entre Jorge e Bárbara os comoviam mais intensamente do que as outras. Meses depois, conversando com Bárbara e Jorge, analisamos o desenvolvimento de seu psicodrama, sessão por sessão, e os relatei a história de sua cura.

Nascia aí não só o psicodrama como técnica terapêutica como a abordagem do casal como modalidade psicoterápica.

O método psicodramático consiste no emprego da representação dramática como veículo de expressão dos conflitos, unindo a ação à palavra. A sessão psicodramática desenvolve-se ao longo de três momentos sucessivos: o aquecimento, em que se busca criar o "clima" propício para a cena dramática, geralmente pelo estímulo à substituição de formas verbais de comunicação dos sentimentos pelas expressões corporais ou paraverbais; a representação propriamente dita que ocorre com o auxílio de técnicas que mencionaremos a seguir e o compartilhamento em que o grupo discorre sobre as vivências experimentadas durante a representação dramática, tanto do ponto de vista de quem a protagonizou quanto dos espectadores, eventualmente chamados pelo coordenador a intervir na função de egos auxiliares.

Entre as técnicas incluídas no processo psicodramático destacaríamos:
- Inversão dos papéis – considerada a técnica básica do psicodrama. O protagonista é "convidado" a trocar de lugar com o personagem que com ele contracena e assumir seu papel na situação interativa que está sendo representada. Colocar-se no lugar do outro, ou fazer o jogo psicodramático do que em linguagem psicanalítica chamamos "identificação projetiva", visaria proporcionar uma quebra do hábito ou estereótipo de visualizar o conflito sempre do mesmo ponto de vista, qual seja, o do paciente. Essa situação está aludida na célebre frase de Moreno: "...e quando estejas comigo eu tirarei teus olhos de seus côncavos e os colocarei no lugar dos meus e tu arrancarás os meus e os colocarás no lugar dos teus para eu te olhar com teus olhos e tu me olhares com os meus".
- Espelho – o protagonista sai de cena e passa a ser espectador da representação que um ego auxiliar faz de sua intervenção anterior, para que possa identificar como próprios os aspectos ou as condutas que não está conseguindo reconhecer como suas.
- Duplo – o coordenador ou um ego auxiliar põe-se ao lado do protagonista e expressa gestualmente ou verbalmente o que lhe parece que não está conseguindo transmitir, por inibições ou repressão.

- Alter-ego – o coordenador ou um ego auxiliar diz ao ouvido do protagonista o que acha que está oculto em sua mente para que este "tome consciência" do material reprimido ou escotomizado, com o que geralmente ocorre uma quebra na comunicação estereotipada do protagonista. Esta técnica, bem como a anterior, é de particular valia em psicoterapias de casais com o método psicodramático.
- Solilóquio – o protagonista é estimulado a dizer em voz alta, como se falasse consigo mesmo, sentimentos e pensamentos evocados durante a cena dramática.
- Prospecção ao futuro – o protagonista é convidado a imaginar-se em um tempo futuro e a visualizar os conteúdos da situação conflitiva trabalhada neste momento vindouro.
- Escultura – em que se convida o grupo para expressar sob a forma de uma escultura, utilizando seus próprios corpos, o estado relacional do grupo em um dado momento de sua vivência psicodramática.

3
A contribuição da dinâmica de grupos

A dinâmica de grupos, expressão criada por Kurt Lewin para o estudo dos fenômenos grupais a partir da teoria da *Gestalt*, não se constitui em uma proposta de abordagem terapêutica para os grupos; no entanto, por ter sido seu autor quem primeiro estudou o grupo como tendo sua própria identidade como sistema, com fenômenos que lhe são peculiares e princípios gerais que regem seu funcionamento, é imperioso que se considere a dinâmica de grupo como um dos pilares das terapias grupais.

Para Lewin os fenômenos grupais só se tornam inteligíveis ao observador que consente em participar da vivência grupal. Segundo ele, tais fenômenos não podem ser observados "do exterior", assim como também não podem ser estudados como fragmentos para ser examinados *a posteriori*, como preconizavam os atomistas em sua época. Isto o levou a formular a aproximação metodológica denominada *pesquisa-ação*, em que não só o observador era incluído no grupo como não se escotomizava o fato de que tal inclusão o modificava, o que, no entanto, não invalidava a proposta investigatória.

Observe-se que essa formulação da pesquisa-ação, ainda na década de 1940, corresponde a uma visão antecipatória do que muitos anos depois definiria a cibernética de segunda ordem, para muitos um dos pilares epistemológicos sobre o qual se sustenta a terapia familiar sistêmica.

Para validar essa experimentação, Lewin entendia, contudo, que ela deveria se realizar no contexto dos pequenos grupos (os *face-to-face groups*), cuja configuração deveria ser tal que permitisse a seus participantes existirem psicologicamente uns para os outros e se encontrarem em uma situação de interdependência e interação possível no decurso da experiência.

Os pequenos grupos, além de permitirem a observação "ao vivo" dos processos de interação social, constituem-se em uma unidade experimental de referência para a formulação de hipóteses que possam posteriormente ser confrontadas e comparadas com o que é encontrado em outros agrupamentos humanos.

Uma das mais significativas constatações desses experimentos com os pequenos grupos foi que as ações e percepções dos membros são elementos de uma estrutura mais complexa, não compreensíveis fora da estrutura grupal. Ou seja, o indivíduo na *Gestalt* grupal comporta-se de uma forma *sui generis* diretamente relacionada com essa *Gestalt*.

Lewin observou que a integração no interior de um grupo só se dará quando as relações interpessoais estiverem baseadas na autenticidade de suas comunicações e que essa autenticidade é uma atitude passível de aprendizado no e pelo próprio grupo.

O autor estudou particularmente a questão da autoridade e dos tipos de liderança nos pequenos grupos, descrevendo os três estilos básicos de liderar: o autocrático, o *laissez-faire* e o democrático, cujas denominações por si só já os caracterizam. Pondera-se, no entanto, que tais estudos foram empreendidos com grupos isolados em situações artificiais e com um objetivo mais ou menos explícito de demonstrar as "vantagens" da liderança democrática em relação às outras duas.

Lewin descreveu, ainda, as várias etapas do processo de solução de problemas em grupo, iniciando-se elas pela definição dos problemas, seguindo-se pela promoção das idéias, a verificação das mesmas, a tomada de decisão e, finalmente, a execução.

Talvez a maior contribuição do codificador das leis e princípios da dinâmica grupal tenha sido a criação de um modelo para verificar sua validade e, além disso, para treinar profissionais para a coordenação de grupos. Vamos ver a seguir os passos, que nos dois últimos anos de sua vida, percorreu com o propósito de delinear este esquema de treinamento, segundo o relato de um de seus mais destacados discípulos, o canadense Mailhiot:

> Lewin conseguira, desde há algum tempo, agrupar em torno dele uma equipe de pesquisadores e organizar com eles seu Centro de Pesquisas em Dinâmica de Grupos, no MIT (...). Todos pareciam altamente motivados e adeptos sem restrições das hipóteses de Lewin que, em conjunto, tentavam então verificar experimentalmente. Todavia, nos momentos de auto-avaliação de seu trabalho, realizado periodicamente, tinham deplorado por diversas vezes a falta de integração real da equipe, o ritmo lento e artificial do encaminhamento de seus trabalhos, os parcos recursos inventivos e a fraca engenhosidade manifestados na exploração dos problemas estudados. Lewin, que participava fielmente destes encontros de autocrítica, havia falado pouco até aquela data e, segundo seu hábito, escutara com atenção constante a expressão de descontentamento dos colaboradores. Um dia, entretanto, no momento em que a auto-avaliação parecia uma

vez mais encaminhar-se para uma constatação negativa, Lewin, em tom modesto, quase se desculpando, a título de sugestão, enunciou a seguinte hipótese: "se a integração entre nós não se realiza e se, paralelamente, nossas pesquisas progridem tão pouco, tal fato pode ocorrer em razão de bloqueios que existiriam entre nós ao nível de nossas comunicações".

Dessa hipótese inicial partiu-se para a configuração de encontros fora do ambiente de trabalho, sem outro propósito que não o de aprender a se comunicar de modo autêntico. Estava plantada a semente das experiências de sensibilização para as relações humanas. A fonte de aprendizagem passa gradativamente a ser não só o que acontece no "aqui e agora" das interações pessoais dentro do grupo, mas a avaliação conjunta desta experiência. Passou-se a admitir, nas sessões de auto-avaliação, a presença de observadores de outros grupos e, reciprocamente, estes tinham a possibilidade de também ser avaliados, nos grupos em que participavam, por observadores de grupos distintos, criando-se assim uma maior objetivação sobre os comportamentos grupais de todos. Cada grupo de discussão, com seu respectivo observador (que era também um animador, pois ia comunicando ao grupo suas observações), foi denominado *basic skill training group* (BSTG) ou *grupo de treinamento das técnicas de base*, que veio incorporar-se ao processo de aprendizagem da dinâmica de grupos nos seus primórdios.

Tal configuração da formação em dinâmica de grupos se manteve mais ou menos estável nos anos que se seguiram à morte de Lewin, mas, a partir de 1956, o grupo de discussão na sua proposta original foi abandonado e o BSTG foi repensado. Decidiu-se discriminar a iniciação às técnicas de grupo dos grupos de sensibilização para relações humanas, passando a denominar-se *skill group* (SG) e *training group* (TG), que se torna o instrumento primordial para a aprendizagem em dinâmica de grupos.

O *T-group*, mais tarde renomeado de grupo F ou "de formação" (para muitos o F de *free*, livre em inglês), é um grupo centrado em si mesmo, no aqui e agora das interações dos membros do grupo sem o ônus de uma tarefa ou propósito extrínseco. Desta forma tem-se a experiência de um grupo em *status nascendi*, com toda a riqueza vivencial e de abertura para um acontecer não programado em que, no entanto, vemos ocorrer os fenômenos que se repetem sempre que nos encontramos em um grupo: busca de afirmação pessoal, rivalidades e alianças, disputas pela liderança, alternância de momentos de coesão e de desagregação, reativação de preconceitos ao lado de sua superação, resistência ou disposição à mudança, surgimento de mal-entendidos tanto quanto esforços para se fazer entendidos, etc.

Embora Lewin não tenha chegado a teorizar sobre os *T-groups*, que apenas se esboçavam nos BSTGs que os antecederam, sua intuição, somada às descobertas feitas anteriormente, permitiram que pudesse formular por antecipação as principais contribuições de tal atividade ao treinamento em dinâmica de grupo, quais sejam, possibilitar a cada membro uma experiência única de interagir a partir unicamente de sua vivência com os outros como membros daquele grupo, experimentar-se em papéis de líder e de liderado e educar-se para a autenticidade.

Os grupos de formação não possuem estruturas internas, nem tarefas a realizar ou lideranças pré-designadas. Seus coordenadores devem se recusar a representar o papel de "condutores" e tão somente funcionar como "catalisadores" do processo grupal, o que exclui a função de conselheiros ou agentes de informação para o grupo, necessitando se absterem de estimular a dependência do grupo. No entanto, a consciência e a memória do grupo, são ativadas nos momentos de revisão crítica. Sua autoridade é exercida por meio do comprometimento e da fidelidade aos objetivos da experiência, e devem, além disso, se constituir em modelos de autenticidade interpessoal.

A dinâmica de grupo expandiu seu raio de ação e influência, sobretudo na área das instituições em geral. Tornou-se, para alguns efeitos uma disseminadora de técnicas de dinamização grupal empregadas tanto na avaliação como na compreensão e na tentativa de resolução das questões organizacionais. É, ao lado da psicanálise, um dos vértices de onde se originou a psicologia grupal como disciplina, e, como veremos a seguir, articulou-se com a práxis clínica por meio de formas híbridas de terapia grupal, como os grupos operativos que veremos no próximo capítulo.

Os grupos F, por sua vez, podem ser considerados precursores dos grupos de reflexão, modalidade de grupo operativo originalmente empregada na formação de grupoterapeutas da escola argentina.

4
As formas híbridas de terapia grupal

PSICODRAMA PSICANALÍTICO

Prenunciando a vertente interdisciplinar que nas últimas décadas tem nutrido os avanços do conhecimento humano em todas as suas dimensões, as teorias que, até meados do século XX, sustentavam o trabalho com grupos e que eram referenciadas pelo paradigma linear foram acopladas por alguns autores, seja pela percepção de suas limitações na abordagem terapêutica a que se destinavam, seja pelo desejo de ampliar seu espectro de opções técnicas quando se tratava de pacientes que eram de difícil acesso com os recursos disponíveis para cada metodologia isoladamente.

O psicodrama surgiu, como vimos, contemporaneamente à psicanálise e com ela estabeleceu liames interdisciplinares, dando origem ao denominado psicodrama psicanalítico. Assim, inicialmente na França nos anos de 1950 com Lebovici e Farreau (que propuseram a denominação para esta técnica híbrida) e mais tarde, na década de 1960, na Argentina, tomou significativo impulso esta modalidade de terapia grupal, também empregada com pacientes individuais, tendo o terapeuta como diretor da cena dramática e os egos auxiliares, o que caracteriza um *setting* grupal mesmo no atendimento a pacientes isolados.

O elemento comum à psicanálise e ao psicodrama, além de sua inserção no paradigma linear, padrão causa-efeito, é o da revivência do passado, seja por meio de sua atualização no contexto transferencial (psicanálise) como da cena dramática (psicodrama).

No psicodrama psicanalítico é particularmente valorizada a fase do compartilhamento, descrita anteriormente, por proporcionar a oportunidade de resgatar, neste momento, a compreensão do material emergente durante a sessão e de interpretá-lo sob o enfoque analítico.

Aqui quero fazer alusão à minha experiência pessoal com esta fusão ou acoplagem do método psicodramático e psicanalítico. Em princípios dos anos de 1970, tendo me proposto a atender adolescentes em grupo com o referencial teórico-técnico da psicoterapia analítica de grupo, deparei-me com as peculiares dificuldades de expressão verbal de seus conflitos e ansiedades por parte, sobretudo, de pacientes nas fases iniciais da adolescência. A motivação para encontrar um processo comunicante operativo que me permitisse abordá-los com os recursos propiciadores de *insight* da psicanálise levou-me a procurar um treinamento com as técnicas psicodramáticas, então uma "novidade" em nosso meio. Essa formação em psicodrama psicanalítico serviu-me posteriormente para enriquecer minha abordagem de casais, a que me dediquei a partir do início da década seguinte. Posteriormente, já tendo incorporado o referencial sistêmico à minha práxis com casais e famílias, continuei adotando em seu atendimento um modelo híbrido constituído basicamente por três referenciais teórico-técnicos: o psicanalítico, o psicodramático e o sistêmico.

GRUPOS OPERATIVOS

Os grupos operativos, criados por Pichon-Rivière em meados dos anos de 1940, são um modelo híbrido constituído a partir dos referenciais teóricos da psicanálise e da dinâmica de grupos.

Enrique Pichon-Rivière, embora suíço de nascimento, viveu na Argentina desde os 4 anos, lá fazendo toda a sua formação profissional e notabilizando-se como um dos mais talentosos e criativos psicanalistas do hemisfério sul. Sua formulação dos grupos operativos foi, sem dúvida, a mais importante contribuição latino-americana para uma teoria unificada do funcionamento grupal, constituindo-se, além disso, em valioso suporte para a práxis com grupos, terapêuticos ou não.

Quanto à denominação grupos operativos, Pichon-Rivière diz tê-la concebido a partir da circunstância de esses grupos terem nascido em um ambiente de tarefa concreta. Em 1945, estando encarregado de dirigir o setor de pacientes adolescentes no hospital psiquiátrico de Rosário, cidade da Argentina onde então exerce suas atividades, o autor viu-se premido, por circunstâncias excepcionais que o privaram do concurso dos funcionários que trabalhavam no setor, a "improvisar" com pacientes na função de enfermeiros. Sem contar com a equipe de enfermagem e com qualquer ajuda institucional que suprisse a lacuna, habilitou pacientes para "operarem" funções de enfermeiros. Nasciam assim os grupos operativos. Pode-se inferir que dos benefícios terapêuticos desta aprendizagem para a tarefa de os próprios pacientes serem enfermeiros, Pichon-Rivière extraiu seu entendimento de que não há distinção clara entre grupos terapêuticos e de aprendizagem.

Para ele, portanto, o que caracteriza os grupos operativos é a relação que seus integrantes mantêm com a tarefa e esta poderá ser a obtenção da "cura", se for um grupo terapêutico, ou a aquisição de conhecimentos, se for um grupo de aprendizagem. Como para ele o fundamental da tarefa grupal é a resolução de situações estereotipadas e a obtenção de mudanças, a distinção entre grupos terapêuticos ou de aprendizagem não é essencial: todo grupo terapêutico proporciona aprendizagem de novas pautas relacionais, assim como todo grupo de aprendizagem enseja a criação de um clima propício para a resolução de conflitos interpessoais e, portanto, é também terapêutico.

Pichon-Rivière busca na teoria psicanalítica e, sobretudo, nos aportes kleinianos, tão em voga em sua época, a compreensão dessa inércia em relação às mudanças que, outrossim, são inerentes à condição vital, pois tudo o que está vivo está em constante movimento e se alterando continuamente. Diz-nos:

> Analisando o porquê da resistência à mudança e o que significa a mudança para cada um, podemos ver que existiam em realidade dois medos básicos em toda a patologia e frente a toda a tarefa a iniciar. São os dois medos básicos com que trabalhamos permanentemente: o medo da perda e o medo do ataque. O medo da perda determina o que Melanie Klein denominou ansiedades depressivas, e o medo do ataque, as ansiedades paranóides.

A perda dos instrumentos que eram utilizados como enfermidade para lograr uma adaptação particular ao mundo, ou seja, a perda do conhecimento advindo com o "ofício" de doentes seria a inércia que se opõe à cura e freia a mudança; por outro lado, o medo do ataque consiste em encontrar-se vulnerável diante de uma nova situação pela falta de condições para lidar com ela. Embora tais medos tenham sido descritos a partir das vivências dos pacientes, eles podem se aplicar a qualquer vetor de conhecimento e, portanto, comparecem em qualquer tarefa grupal.

Se Pichon-Rivière (1980) foi buscar na psicanálise subsídios para compreender o que ocorria com os indivíduos no contexto grupal, na dinâmica de grupo encontrou uma forma de operacionalizar sua abordagem grupal por meio dos chamados laboratórios sociais de Lewin. Segundo Pichon-Rivière, estes criariam o clima propício para a indagação ativa a que se propunham os grupos operativos.

Esta concepção do funcionamento grupal surgida com o estudo dos grupos operativos radica-se, por outro lado, na teoria do vínculo elaborada por Pichon-Rivière e que iria além da visão eminentemente intrapsíquica da psicanálise para situar o homem no contexto de suas relações interpessoais. O vínculo, para o autor, seria uma estrutura dinâmica que engloba tanto o indivíduo como aquele(s) com quem interage e se constitui em uma *Gestalt* em constante processo de evolução. Mais uma vez, aqui estão presentes a noção de movimento e a contingência da mudança como indissociáveis do existir tanto individual quanto grupal.

Vejamos agora alguns conceitos e elementos do léxico dos grupos operativos indispensáveis para uma melhor familiarização com seu arcabouço epistêmico.

Porta-voz: é aquele membro do grupo que, em determinado momento, diz ou enuncia algo que até então permaneceu latente ou implícito sem ter consciência de que esteja expressando algo de significação grupal, pois o vive como próprio. O material veiculado pelo porta-voz chama-se *emergente grupal*, e é função do coordenador decodificá-lo para o grupo.

Os conceitos de porta-voz e de emergente nos introduzem as noções de *verticalidade* e *horizontalidade* grupais. A verticalidade designa a história, as experiências, as circunstâncias pessoais de um membro do grupo, enquanto a horizontalidade constitui o denominador comum da situação grupal, ou seja, aquilo que em um dado momento, é compartilhado por todos os membros do grupo, consciente ou inconscientemente. A verticalidade se articula com a horizontalidade pondo em evidência o emergente grupal. O vertical representa, pois, os antecedentes pessoais que se vêem atualizados em algum dado momento do processo grupal, e o horizontal é a expressão deste presente grupal que permitiu o compartilhamento, pelos demais membros do grupo, dos afetos suscitados por um deles (o porta-voz).

Pichon-Rivière (1978) refere-se ao porta-voz como uma espécie de delator que denuncia a enfermidade grupal ou, em se tratando não de um grupo terapêutico, mas de aprendizagem, os elementos bloqueadores da tarefa grupal. Em suas palavras: "o porta-voz é o que é capaz de sentir uma situação na qual o grupo está participando e pode expressá-la porque está mais próxima de sua mente do que da dos outros".

Pichon-Rivière também nos trouxe importantes aportes à compreensão dos dinamismos e forma de abordar operativamente um grupo particularmente significativo: o familiar. Em "grupos familiares: um enfoque operativo" (1965-1966) trata do papel do paciente como porta-voz das ansiedades do grupo familiar, antecipando a ênfase colocada posteriormente pela teoria sistêmica no papel do paciente identificado como emissor da patologia familiar. São mencionadas então as noções de *depositário, depositantes* e *depositado*. Diz (1980):

> ... neste processo interacional de adjudicação e assunção de papéis, o paciente assume os aspectos patológicos da situação, que compromete tanto o sujeito

depositário como os depositantes. O estereótipo se configura quando a projeção dos aspectos patológicos é maciça. O indivíduo fica paralisado, fracassando em seu intento de elaboração de uma ansiedade tão intensa e adoece (...) com a posterior segregação do depositário, pelo perigo representado pelos conteúdos depositados.

Descreve-nos, então, como o paciente passa da condição de agente protetor da enfermidade familiar para a de bode expiatório.

Já em 1960 Pichon-Rivière propunha um modelo de terapia dos grupos familiares, ou psicoterapia coletiva, como chamava, calcado no esquema referencial dos grupos operativos, reconhecendo a importância da família como unidade indispensável de toda organização social, aduzindo:

> A família adquire esta significação dinâmica para a humanidade porque, mediante seu funcionamento, provê o marco adequado para a definição e conservação das diferenças humanas, dando forma objetiva aos papéis distintos, mas mutuamente vinculados, de pai, mãe e filho, que constituem os papéis básicos de todas as culturas.

Para Pichon-Rivière, a enfermidade básica do grupo familiar radica-se nos *mal-entendidos,* origem e destino da ação terapêutica pelo processo operativo.

Não foi só ao formular a hipótese de que o paciente era o depositário da enfermidade familiar que Pichon-Rivière antecipou-se à visão sistêmica; também o fez quando, ao elaborar sua teoria do vínculo (1956-1957) pontuou o que depois seria retomado pela chamada segunda cibernética, ao considerar que todo observador é sempre participante e modifica seu campo de observação, percebendo que o analista sempre participa e modifica o campo de observação da sessão analítica.

5
Terapias grupais derivadas de outros marcos referenciais teórico-técnicos

PSICOTERAPIA INTERACIONAL (INTERPESSOAL) DE GRUPO

Irwin Yalom, ainda que evitando estereotipá-la como mais uma escola de terapia grupal e criticando a "aura" que envolve as ideologias dessas escolas, sistematizou e integrou os conhecimentos que constituem a denominada psicoterapia interacional de grupo, que põe ênfase na aprendizagem interpessoal como mecanismo curativo fundamental. Esta seria a forma de terapia grupal mais comumente praticada nos Estados Unidos. Suas origens remontam às idéias dos neo-freudianos (como Karen Horney e Erich Fromm) sobre a importância do contexto social no desenvolvimento da personalidade e nas manifestações psicopatológicas, assim como na visão de Harry Stack Sullivan (1955), que definiu a psiquiatria como o campo das relações interpessoais e que preconizava ser a experiência emocional corretiva proporcionada no contexto da relação terapêutica a via régia para os resultados das práticas psicoterápicas.

Yalom considera o núcleo da experiência emocional corretiva no contexto da terapia grupal aquele constituído pelos mecanismos básicos de mudança que denomina fatores terapêuticos, e que são os seguintes:

1. instilação da esperança;
2. universalidade;
3. compartilhamento de informações;
4. altruísmo;
5. recapitulação corretiva do grupo familiar primário;
6. desenvolvimento de técnicas de socialização;
7. comportamento imitativo;
8. aprendizagem interpessoal;
9. coesão grupal;

10. catarse;
11. fatores existenciais.

A partir da noção do grupo como um microcosmo social, Yalom (2006) estabelece um enquadre e um processo grupal balizado por alguns elementos fornecidos, sobretudo, por sua larga experiência como clínico e pesquisador. Ei-los, conforme os pinçamos aleatoriamente do texto de sua obra *Psicoterapia de grupo: teoria e prática*, referência obrigatória para qualquer estudioso das grupoterapias desde seu aparecimento na década de 1970:

"O foco interacional é o motor da terapia de grupo, e os terapeutas que conseguem mobilizá-lo estão mais bem equipados para fazer todas as formas de terapia de grupo".

"Quanto mais a terapia desfizer a auto-imagem negativa do cliente por meio de novas experiências relacionais, mais efetiva a terapia será."

"Escute o paciente: os pacientes enfatizam a importância do relacionamento e as qualidades humanas e pessoais do terapeuta, ao passo que os terapeutas atribuem seu sucesso a suas técnicas".

"Nada, nenhuma consideração técnica, tem precedência sobre a atitude do terapeuta (que deve ser de interesse, aceitação, genuinidade, empatia)."

"Alguns dos momentos mais verdadeiros e pungentes da vida de uma pessoa ocorrem no pequeno, mas ilimitado microcosmo do grupo de terapia".

"Em algumas semanas um agregado de estranhos assustados e desconfiados se transforma em um grupo íntimo e mutuamente proveitoso".

"O paciente é um colaborador integral do processo terapêutico e a psicoterapia é fortalecida, não enfraquecida pela desmistificação da figura do terapeuta".

"Os terapeutas são treinados para se tornar farejadores de patologias, especialistas na detecção de fraquezas. Eles muitas vezes se sensibilizam tanto para questões de transferência e contratransferência que não se permitem ter comportamentos solidários e basicamente humanos com seus pacientes".

"Muitas vezes uma terapia efetiva e bem conduzida de modelos ideológicos supostamente não iguais tem mais em comum do que boas e más terapias conduzidas segundo o mesmo modelo".

Em seu tratado, Yalom menciona as diferenças entre o seu modelo de terapia interacional de grupo e a adaptação da terapia interpessoal individual para o trabalho com grupos, que se destina a uma forma de terapia breve e de objetivos limitados; no entanto, ambas apóiam-se na noção de que as disfunções psicológicas radicam-se em problemas baseados nos relacionamentos interpessoais do indivíduo.

PSICOTERAPIA COGNITIVO-COMPORTAMENTAL DE GRUPO

A modalidade de psicoterapia cognitivo-comportamental de grupo, a exemplo da terapia interpessoal mencionada no item anterior e da própria psicanálise, é oriunda da transposição de uma técnica psicoterápica individual para o contexto grupal.

A possibilidade de se obter *feedbacks* e reforços oriundos dos próprios pacientes do grupo foi visualizada como instrumento capaz de potencializar o treinamento assertivo que está na base do enfoque cognitivo-comportamental.

Certas atividades terapêuticas intrinsecamente vinculadas a este enfoque podem ser observadas ao longo do processo grupal, tais como organizar o grupo, orientar os membros para o grupo, construir a coesão do grupo, monitorar os comportamentos determinados como problemas, avaliar o progresso do tratamento, planejar procedimentos específicos de mudança e implementá-los, modificar os atributos grupais para intensificar o processo de tratamento e estabelecer programas de transferência e manutenção para mudanças comportamentais e cognitivas que estejam ocorrendo no grupo.

A importância de aproveitar-se a interação grupal tem sido enfatizada como recurso auxiliar das técnicas behavioristas subjacentes ao modelo cognitivo-comportamental; não obstante, alguns de seus adeptos reconhecem as limitações da terapia cognitivo-comportamental aplicada a grupos.

PSICOTERAPIA GESTÁLTICA DE GRUPO

A teoria da *Gestalt* surge em princípios do século XX como uma reação ao "atomismo" então vigente nas ciências em geral. A palavra *Gestalt*, de origem germânica e intraduzível em outros idiomas, significa o modo como os elementos (partes) estão agrupados. Suas origens estão nos estudos sobre o fenômeno da percepção, particularmente na descrição do fenômeno chamado *phi*, uma ilusão de movimento aparente descrito e nomeado por Wertheimer em 1912. O chamado *fenômeno phi* consiste na ilusão visual na qual objetos estáticos mostrados em rápida sucessão parecem estar em movimento por ultrapassar o limiar da visão humana de poder percebê-los isoladamente.

A teoria da *Gestalt* deu origem a um campo de pesquisa alicerçado nesta visão contrária ao mecanicismo atomista vigente na psicologia experimental da época e inspirou uma abordagem clínica que, embora partindo da psicanálise diferia dela, entre outros aspectos, por não considerar o psiquismo dividido em "partes" conflitantes, como a psicanálise fazia.

O principal mentor da *Gestalt*-terapia foi o então psicanalista Frederic Pearls, que afastando-se dos cânones psicanalíticos, estruturou essa nova modalidade psicoterápica, delineada em obra lançada em 1951. Inicialmente baseada na teoria da *Gestalt* e apoiando-se no referencial psicanalítico como arcabouço clínico, incorporou elementos conceituais provindos de outras fontes, tais como a fenomenologia, o existencialismo e o zen-budismo, sofreu a influência de outros aportes, como os pressupostos psicológicos de Reich ou Moreno.

Embora a teoria da *Gestalt* tenha originado um amplo campo de aplicações grupais a partir dos estudos de K. Lewin e sua formulação da dinâmica dos grupos, só nas últimas décadas a *Gestalt*-terapia ocupou-se da aplicação de seus fundamentos à prática psicoterápica com grupos. Pearls, criado na tradição bipessoal do *setting* analítico, nunca enfocou a interação existente entre os indivíduos e os grupos em que estão inseridos.

A noção de que o todo é maior do que suas partes constituintes e de que os atributos do todo não podem ser dedutíveis a partir do exame isolado das partes constituintes é um dos pilares da teoria gestáltica. Esse pressuposto é o que vincula teoricamente a teoria da *Gestalt* à abordagem grupoterápica.

ANÁLISE TRANSACIONAL EM GRUPOS

A análise transacional é outra teoria psicológica e método psicoterápico que tem suas origens impregnadas do referencial psicanalítico. Eric Berne, seu criador, acompanhou como psiquiatra as pesquisas do neurocirurgião Wilder Penfield com o estímulo de áreas cerebrais na McGill University e posteriormente estudou psicanálise em Nova York e em São Francisco, e evidenciou na fundamentação de sua abordagem, influências de ambas experiências.

Como a técnica esboçada por Berne trabalha focada na interação entre o que chama de estados do ego (criança, adulto e genitor), a idéia de um contexto grupal em que tais estados se movem é compatível com a proposta de uma abordagem grupoterápica inspirada neste modelo de pensar o funcionamento grupal. Porém, como observam os próprios analistas transacionais, seus conceitos e técnicas são dificilmente traduzidos em palavras e, mais facilmente compreendidos na ação psicoterápica. Por isso, fica aqui apenas seu registro como capaz de ser aplicada a grupos terapêuticos.

PSICOTERAPIA EXISTENCIAL-HUMANÍSTICA DE GRUPOS

As origens do enfoque existencial-humanístico remontam às formulações do filósofo e teólogo dinamarquês Soren Kierkegaard (1813-1855) sobre as questões fundamentais da existência humana. Tais concepções influenciaram psicoterapeutas do século XX, de distintas formações e procedências, que dificilmente poderiam ser agrupados com certa homogeneidade na sua práxis profissional, tais como Rogers, Frankl, Alexander, Ferenczi, Winnicott, Burrow, para citar, um tanto aleatoriamente, apenas alguns. Talvez o elo entre eles seja a noção de que o indivíduo é o senhor de sua existência e todo processo de mudança desencadeado pelo processo psicoterápico deve estar centrado no paciente e não no terapeuta. Este, quando muito, é um mero catalisador das mudanças existenciais que o paciente busca e cujo sentido só ele poderá alcançar.

A visão existencial-humanística pressupõe que estar no mundo (existir) é compartilhá-lo com os outros humanos (existir ou estar com), de onde se pode depreender que o grupo é a matriz dessa existência compartilhada, e, portanto, uma abordagem psicoterápica que se processa no contexto grupal seria uma decorrência natural de tal concepção.

6
Grupos terapêuticos experimentais

Neste tópico incluímos aquelas modalidades de terapia grupal que não se sustentam em referenciais teórico-técnicos definidos e foram criados um tanto aleatoriamente, a partir da intuição de seus criadores ou do desejo de prospectar novas aplicações dos contextos grupais com objetivos de mobilizar emoções e obter resultados supostamente terapêuticos.

GRUPOS DE AJUDA RECÍPROCA ("AUTO-AJUDA")

Os grupos de ajuda recíproca na área de saúde (impropriamente chamados de auto-ajuda, já que a proposta neles implícita é que uns ajudem aos outros) surgiram como desdobramentos dos AA (Alcoólicos Anônimos).

Os grupos AA surgiram nos Estados Unidos em 1935, a partir do encontro de dois alcoólatras tentando superar seus problemas com a bebida, um corretor da bolsa de Nova York e um cirurgião de uma cidade de Ohio. Depois expandiram sua experiência de mútua ajuda para outros alcoólatras e assim criaram um programa que hoje alcança milhares de dependentes do álcool em inúmeros países do mundo.

Os grupos AA referenciam-se na prática da conotação positiva às conquistas de seus membros na luta diuturna para superar suas respectivas adições e usam a força da motivação grupal como principal instrumento de sua ação terapêutica. Muitos desses grupos sustentam-se em fundamentos espirituais, ainda que não sectários.

Curiosamente, esse grupos, que não são coordenados por profissionais da área de saúde e sim por lideranças emergentes do próprio grupo de iguais, deram origem a outros grupos de características similares, mas conduzidos por grupoterapeutas, como os grupos ditos homogêneos, ou de portadores de um sofrimento compartilhado, tais como os grupos de obesos, artríticos, hipertensos, colostomizados, diabéticos, asmáticos, aidéticos, e outros tantos. Também hoje encontramos, ao lado dos AA, grupos coordenados por especialistas em drogadição e que se ocupam não só dos alcoólatras, mas dos portadores de outras dependências químicas.

Estes grupos de ajuda recíproca expandiram-se consideravelmente em nossos dias, adotando procedimentos distintos e dirigindo-se a grupos de adictos tão díspares quanto os viciados em sexo, comida, internet, jogos eletrônicos, telenovelas, os colecionadores compulsivos e muitos mais.

Da mesma forma apareceram iniciativas similares destinadas à ajuda não-profissional de pacientes com transtornos mentais em geral.

GRUPOS PSICOEDUCATIVOS

Os chamados grupos psicoeducativos, surgidos na interface entre a pedagogia e a psicoterapia, têm sido empregados sobretudo com gestantes, fumantes, portadores de transtornos alimentares e, mais recentemente, com certas categorias diagnósticas tais como pacientes com depressão, com Transtornos de Déficit de Atenção/Hiperatividade (TDAH) ou transtorno obsessivo-compulsivos (TOC).

Seu formato é predominantemente pedagógico, e sua destinação principal os grupos homogêneos ou de sofrimento compartilhado. Esse tipo de grupo não requer de seus adeptos uma capacitação de maior consistência teórico-técnica para o trabalho pois está focado antes nas circunstâncias dos quadros nosológicos apresentados pelos pacientes do que no processo grupal como veículo terapêutico, o que tem permitido sua crescente disseminação em função da demanda por atendimento grupal nos serviços de saúde pública.

Em nosso meio têm sido desenvolvidas várias modalidades e variantes destes grupos, incluindo conhecimentos oriundos de distintos marcos referenciais teórico-práticos, para tabagistas, pacientes com depressão e seus familiares (Cigognini e Zimmermann, 2006).

LABORATÓRIOS DE RELAÇÕES INTERPESSOAIS, DE SENSIBILIZAÇÃO E CRESCIMENTO EMOCIONAL, MARATONAS E GRUPOS DE ENCONTRO

Sob essa rubrica serão consideradas modalidades grupais que, ainda que não explicitamente, mas pela natureza das emoções que se propõem a mobilizar, possuem conotações psicoterápicas.

Os laboratórios de relações interpessoais são uma atividade grupal intensiva, geralmente com um foco determinado, e que objetivam proporcionar a seus participantes uma experiência vivencial e a oportunidade de uma reflexão conjunta, e a troca de idéias e informações com outras pessoas com o mesmo campo motivacional da proposta do laboratório.

Os laboratórios surgiram nos anos de 1950 e tiveram seus precursores nos *T-Groups* criados por Kurt Lewin, que, como vimos no tópico correspondente, tornaram-se o instrumento fundamental para o treinamento em dinâmica de grupos. Posteriormente vieram a se expandir e a sofrer significativas transformações, conforme o marco referencial em que se situavam seus mentores. Assim, quando empregados por terapeutas que trabalhavam com técnicas corporais, poderiam incluir em sua estrutura práticas como ioga, exercícios respiratórios, relaxamento, desinibição sexual e outras.

Os laboratórios vivenciais, também denominados *grupos de sensibilização e crescimento emocional*, teriam o objetivo de, por meio de uma experiência extensiva e intensiva de encontro grupal, mobilizar emoções e trazer à tona afetos reprimidos, para ampliar a percepção de seus participantes, seja na relação consigo mesmo e com seu corpo, seja na relação com os outros.

A formatação dos laboratórios varia muito segundo as diferentes correntes que o empregam. Assim, vão desde microlaboratórios, com encontros de algumas horas de duração, até as chamadas maratonas que podem durar 40 horas seguidas ou mais. Também a composição dos grupos e o número de participantes diferem significativamente conforme a linha teórica que os sustenta. Podem ser constituídos por grupos homogêneos quanto à origem (como os grupos de formação em dinâmica de grupo) ou deliberadamente heterogêneos, como os que costumam freqüentar as maratonas. Quanto ao número, embora variável, a tendência é não ultrapassar o sugerido pelos *face-to-face groups*, ou seja, grupos nos quais os membros existem psicologicamente uns para os outros e se encontram em situação de interdependência operativa e interação potencial, o que corresponde a não mais que 15 pessoas por grupo. Quando os laboratórios destinam-se a uma população-alvo maior, geralmente os participantes são divididos em subgrupos para boa parte das atividades, mas com o cuidado de que o número total não exceda aquele que permita que, ao deixarem o laboratório, todos tenham se relacionado em algum momento.

Os grupos intensivos ou laboratórios tiveram seu *boom* a partir dos anos de 1960, quando então passaram a ser mais bem discriminados em função de seus objetivos primordiais. As maratonas, pela ampla faixa de modelos ideológicos em que se apóiam e pela gama de participantes a que se dirigem, foram os que mais rapidamente se popularizaram e, paralelamente, aqueles que mais contribuíram ao descrédito, a médio prazo, desta modalidade grupal intensiva, pela carência de referências éticas e pela possibilidade de serem conduzidos por líderes carismáticos, muitas vezes indivíduos inescrupulosos, de ideologia ambígua e intenções desviantes dos objetivos precípuos da atividade.

Embora os grupos de encontro estejam habitualmente vinculados em suas origens aos chamados grupos T criados por Kurt Lewin na década de 1940, com vistas à aprendizagem experimental de como lidar com as tensões emocionais emergentes nos grupos em geral, há quem reserve esta denominação aos grupos inspirados na abordagem psicoterápica centrada na pessoa do cliente, desenvolvida por Carl Rogers a partir dos anos de 1960. Uma curiosidade para nós brasileiros: Rogers esteve no Brasil na década de 1970 e chegou a preconizar, como forma de mitigar os efeitos nefastos da ditadura militar então vigente, que os militares do governo se submetessem a grupos de encontro e à psicoterapia rogeriana. Na ocasião, realizou demonstrações ao vivo na televisão brasileira dos grupos de encontro com a participação de artistas, funcionários e outros profissionais.

7
Comunidades terapêuticas: ponto de mutação no atendimento dos hospitais psiquiátricos

O movimento de humanização dos hospitais psiquiátricos, iniciado por Philippe Pinel em fins do século XVIII, teve seu apogeu com o surgimento das comunidades terapêuticas a partir de meados do século XX.

A expressão "comunidade terapêutica" foi pela primeira vez empregada incidentalmente por Sullivan (1931) para designar a ação benéfica que uma coletividade poderia ter sobre o doente mental. Foi com Maxwell Jones que se popularizou e passou a ser empregada na sua acepção atual, a partir de seu livro, considerado um clássico na literatura psiquiátrica, publicado em 1953 com o título *A comunidade terapêutica*. Por sua vez, segundo Rodrigué (1965), foi Maine, em um artigo intitulado "O hospital como instituição terapêutica" (1946), quem propôs de maneira explícita a participação tanto da equipe técnica como dos pacientes na estruturação da rotina hospitalar com objetivos terapêuticos.

Maine também discutiu as resistências surgidas para implementarem-se as comunidades terapêuticas, que propunham uma mudança na postura dos membros da equipe técnica, principalmente dos psiquiatras, habituados a centralizar as iniciativas terapêuticas nos antigos nosocômios e que experimentavam muitas dificuldades em renunciar ao poder de que eram detentores. Por outro lado, como muitas vezes verificava-se um aumento da tensão e da desordem grupal com a convocação dos pacientes para assumir responsabilidades na administração do seu dia-a-dia, a equipe técnica nem sempre resistia à tentação de recorrer a medidas arbitrárias para manter o *status quo* anterior às mudanças. Em resumo, no microcosmo das comunidades terapêuticas, verdadeiros laboratórios sociais, também se ensaiavam novas formas de exercer a autoridade e de estabelecer lideranças funcionais e operativas nas interfaces do poder que passou a circular entre todos os componentes do sistema institucional.

A ação terapêutica desta nova orientação no atendimento hospitalar psiquiátrico exercia-se, sobretudo, por meio da organização da vida diária com a participação ativa dos pacientes. Postulava-se que o ambiente institucional criado sob tal orientação era o principal agente desta ação terapêutica, daí o designar-se também como ambientoterapia o método terapêutico então criado no âmbito das instituições psiquiátricas.

Blaya (1963) conceitua a ambientoterapia como "uma matriz operacional indispensável ao tratamento hospitalar e em cuja trama inserem-se os demais métodos terapêuticos".

A influência da psicanálise e das práticas psicoterápicas dela derivadas vieram a ter papel determinante na concepção das comunidades terapêuticas, não só fornecendo-lhes substratos metapsicológicos para justificar seus propósitos, como proporcionando-lhes técnicas acessórias para a abordagem institucional dos pacientes psiquiátricos, entre as quais as terapias grupais então emergentes.

Por outro lado, o progresso da psicofarmacologia, com o aparecimento de fármacos mais eficazes no controle dos transtornos mentais em geral, e dos quadros psicóticos em particular, permitiram um melhor acesso aos pacientes com os recursos de natureza psicodinâmica empregados nas comunidades terapêuticas.

Assim, as novas práticas psicoterápicas e os avanços da psicofarmacoterapia encontravam na ambientoterapia a sustentação propícia à expressão e ao desenvolvimento de suas possibilidades como recursos na abordagem dos pacientes psiquiátricos institucionalizados. O ambiente hospitalar passou a ser considerado a matriz onde se inseriam os demais métodos terapêuticos, mas ele por si próprio constituindo o principal vetor dos benefícios proporcionados aos pacientes internados nas comunidades terapêuticas.

A ambientoterapia (ou *milieu therapy*, como era então denominada) foi introduzida entre nós com a criação da primeira comunidade terapêutica brasileira, em Porto Alegre, RS, por Marcelo Blaya, em 1960. A Clínica Pinel, como então se chamou, passou a ser não só foco irradiador da nova orientação para os demais hospitais psiquiátricos do país como se constituiu em importante núcleo formador de psiquiatras habilitados a empregar as técnicas ambientoterápicas.

Inspirados na experiência da Clínica Pinel, um grupo constituído por três psiquiatras, uma neurologista e um pediatra[*] criou em 1965, também em Porto Alegre, a primeira comunidade terapêutica para crianças e adolescentes da América Latina, que igualmente veio a se constituir em referência nacional e internacional para outras instituições congêneres a partir de então.

---

[*] Drs. Nilo Fichtner, Luiz Carlos Osorio, Salvador Célia, Newra T. Rotta e Ronald P. de Souza.

A Comunidade Terapêutica Leo Kanner (nome com a qual foi batizada em homenagem àquele que é considerado o pai da psiquiatria infantil), estabeleceu novos e originais padrões para o atendimento institucional da faixa etária para a qual se destinava. Agregando às funções assistenciais o propósito de desenvolver o ensino e a pesquisa, se tornou o primeiro centro brasileiro de treinamento e formação de psiquiatras de crianças e adolescentes em regime de residência. Sua equipe projetou internacionalmente o trabalho nela realizado por meio de artigos publicados em revistas da Europa e da América do Norte.

Por se tratar de experiência pioneira oriunda em nosso meio e cuja originalidade a fez merecedora de reconhecimento no exterior, vamos referir, ainda que brevemente, as singularidades que a notabilizou.

Levando-se em conta as peculiaridades evolutivas das faixas etárias infanto-juvenis, criamos para eles uma comunidade terapêutica que se constituiu em um amálgama de lar-escola-clube. Isso provavelmente constituiu a maior originalidade e o que distinguiu nossa experiência das que na época se ensaiavam no hemisfério norte, que tinham características de "escolas terapêuticas", e partiam do pressuposto de que o modelo pedagógico era o que deveria servir de referência para a abordagem ambientoterápica de crianças e adolescentes problematizados.

Considerando-se, no entanto, que as vivências familiares antecedem às escolares e constituem o contexto no qual se plasmam todas as demais experiências sociais do indivíduo, tratamos de criar uma estrutura hospitalar tanto possível similar a um lar. As funções familiares estavam representadas nos membros da equipe técnica e nos demais pacientes, por meio dos quais podíamos oferecer novos e mais sadios modelos de identificação e estabelecer vivências relacionais mais satisfatórias do que as que haviam sido experimentadas em seus lares de origem.

Por outro lado, não se descurou dos elementos educacionais, de modo que os pacientes pudessem continuar na rotina hospitalar mantendo contato, ainda que de uma forma não curricular, com o que a escola proporciona de conhecimentos sobre o mundo.

Levando-se em conta a importância dos elementos lúdicos ou recreativos para a satisfatória evolução psíquica de crianças e adolescentes, a comunidade terapêutica abriu espaço para a criação de um "clube" a ser gerenciado pelas próprias crianças. A motivação inicial da equipe técnica para estimular os pacientes a organizarem um clube partiu da observação de iniciativas similares, então em curso, efetivadas por crianças e adolescentes em seus bairros ou escolas. No entanto, logo ultrapassou as fronteiras que lhe destinávamos em nossos objetivos iniciais e passou a constituir-se no núcleo centralizador de nossa experiência comunitária. Assim, da sala destinada inicialmente para sediá-lo, o clube espalhou-se por todas as demais dependências da comunidade. Suas atribuições também foram hipertrofiando e encampando tarefas e responsabilidades até então adstritas à equipe técnica, tais como a manutenção do patrimônio da instituição, a organização de festas mensais, o planejamento de torneios esportivos e a recepção a novos pacientes.

Paralelamente à progressiva autodeterminação dos pacientes no que dizia respeito à sua vida dentro da comunidade hospitalar com a criação do clube, houve uma crescente participação deles no próprio processo terapêutico, do qual deixaram de ser apenas "pacientes" para se tornarem também "agentes". Com isso o clube passou a constituir-se no eixo em torno do qual gravitavam pacientes e membros da equipe técnica na direção do objetivo comum: o retorno das crianças e dos adolescentes institucionalizadas à condição pré-mórbida e sua reintegração nos ambientes de origem.

Algo a salientar ainda, não só por seu caráter original e quiçá sem precedente em instituições similares mesmo com pacientes adultos, é o fato de as próprias crianças e adolescentes terem reformulado "sua" comunidade terapêutica, a partir do paulatino englobamento da estrutura hospitalar pelo clube. Foi como se os pacientes assim houvessem indicado a seus terapeutas o caminho para instituir o ambiente mais adequado às finalidades terapêuticas, o que ficou plenamente comprovado após a "impregnação" comunitária pelo espírito do clube.

Sempre tendo em conta que a comunidade terapêutica não pode distanciar-se das pautas da realidade cotidiana do ambiente de onde os pacientes provêm e para onde retornarão, preocupava-nos que ela se tornasse uma versão idealizada do que poderia ser o "mundo lá fora" e que em seu retorno para os ambientes de origem, os pacientes experimentassem novas frustrações e exacerbassem conflitos em casa ou na escola. Para nossa surpresa, o que se verificou foi uma salutar influência, sobre os demais familiares, dos hábitos, das atitudes e das formas de se relacionar adquiridas pelas crianças e adolescentes na comunidade terapêutica.

Sem dúvida a mais expressiva contribuição trazida pela ambientoterapia à psiquiatria hospitalar foi a "descoberta" do paciente como agente terapêutico. Até então o paciente era considerado um receptador passivo dos tratamentos a que era "submetida" nos hospitais psiquiátricos. Clinoterapia, eletrochoque, insulino ou farmacoterapia exigiam um mínimo de participação do paciente, e quanto mais dócil e passivamente ele aceitava as intervenções terapêuticas, maiores as expectativas quanto a sua recuperação.

O advento da comunidade terapêutica estabeleceu um giro de 180 graus na posição esperada do paciente: ele passa a ser a partir de então, o núcleo dinâmico e atuante do tratamento institucional.

Funcionando com os núcleos sadios de sua personalidade, o paciente centraliza o processo ambientoterápico, do qual se torna, a um só tempo, origem e destinação. É ele quem, a modo de um diapasão, dá a freqüência segundo a qual devem vibrar e afinar os componentes da equipe técnica, e esta será tanto mais eficiente quanto melhor perceber as necessidades emocionais básicas do paciente, souber captar os rumos que ele determina para sua recuperação e ajudá-lo a desenvolver seus potenciais de funcionamento social.

Quanto aos terapeutas ou membros da equipe técnica, o psiquiatra foi o primeiro a ser instado a abrir mão de tendências conservadoras ou centralizadoras e a abandonar o postulado tradicional de que é sobre ele que recai toda a iniciativa terapêutica. Sua ação passou a ser calibrada pelo comportamento comunitário dos pacientes e dos demais componentes da equipe técnica, que por sua vez precisam acompanhar e aprender a reconhecer as flutuações e as mutações inerentes ao processo ambientoterápico.

Do ponto de vista psicodinâmico, a ação curativa das comunidades terapêuticas passa pela recomposição das perturbadas relações interpessoais com que os pacientes nelas ingressaram. Para tanto, espera-se que os membros da equipe técnica possam funcionar como novos e mais saudáveis modelos de identificação para os pacientes e proporcionar-lhes experiências emocionais corretivas no contexto da vida comunitária.

Quanto às atividades comunitárias, elas não são apenas uma forma de manter os pacientes ocupados durante sua estada na comunidade, ou de pô-los a cumprir as tarefas domésticas que precisam ser compartilhadas. Estas principalmente, têm o propósito de reconectá-los com suas habilidades e talentos obscurecidos pela enfermidade mental, de estimular-lhes o prazer lúdico do trabalho realizado coletivamente e de devolver-lhes a motivação para voltar às ocupações prévias à internação e ao convívio de sua rede social.

A comunidade terapêutica objetivaria criar um clima de tolerância e de absorção das manifestações regressivas dos pacientes mentalmente perturbados, ensejando-lhes mais adaptadas satisfações de suas necessidades instintivas básicas e permitindo-lhes utilizar os núcleos íntegros ou sadios de sua personalidade na busca de novos padrões transacionais com a sociedade.

Enquanto método grupoterápico, a ambientoterapia situa-se em uma faixa própria, ainda que parcialmente nutrida pelo enfoque teórico da psicanálise e incluindo em sua prática contribuições de outras procedências. No entanto, embora atuando em um *setting* sistêmico, não adotou a visão novo – paradigmática como substrato epistemológico.

PARTE II

Novos caminhos

8
O impacto dos novos paradigmas sobre as terapias grupais

> Por novos paradigmas entende-se uma maneira sintética e conveniente de aludir às mudanças pelas quais passaram a teoria e a prática científicas nas últimas décadas
>
> Dora Schnitman

Nas últimas décadas, ocorreram significativas mudanças de paradigma no pensamento científico e trouxeram como inevitáveis conseqüências não só a necessidade de se revisar, atualizar e transformar conceitos e teorias que davam substrato às psicoterapias em geral, como também a promoção de importantes modificações na práxis clínica com o surgimento de novas abordagens psicoterápicas. As psicoterapias, especialmente as grupoterapias – como e por que se verá logo adiante – foram significativamente influenciadas por tais mudanças.

O pensamento científico pautou-se, até meados do século XX, pelo denominado paradigma linear, padrão causa-efeito. Procuravam-se causas para explicar os fenômenos que a natureza nos apresentava. A cena, real ou fantasiada, de Newton presenciando a queda da maçã e formulando a lei da gravidade é emblemática desses tempos.

Assim, até meados do século XX, as ciências – tanto as que no modelo cartesiano correspondiam às naturais, que podiam ser avaliadas pelos órgãos dos sentidos (*res extensa*), como aquelas que não permitiam este escrutínio e que pertenciam ao território da subjetividade, as denominadas humanas – obedeciam aos cânones do paradigma linear, centrado na unicidade causal e excludente na busca de verdades que se supunham e queriam unívocas e de validade universal.

Os prenúncios da mutação paradigmática que se esboçava no âmbito das ciências em geral vieram ao alvorecer do século XX, com o esgotamento dos modelos da física clássica e com a inoperância das leis que ela havia estabelecido quando se tratava de abordar eventos físicos que não podiam ser observados diretamente, o que deu origem à chamada microfísica e à teoria quântica, desenvolvida a partir de 1900 pelo físico alemão Max Planck (1858-1947).

Enquanto essa verdadeira revolução no campo da física se processava, os filósofos e matemáticos ingleses Bertrand Russell (1872-1970) e Alfred Whitehead (1861-1947) elaboravam a sua teoria dos tipos lógicos (1910-1913), postulando que uma classe (grupo) não pode ser membro de si mesma, assim como um dos membros não pode conter a classe (grupo). Essa teoria abriu caminho para a formulação do princípio da não-somatividade, um dos axiomas da teoria sistêmica, pedra angular do paradigma circular (que para muitos se confunde com a própria teoria sistêmica, a ponto de levar seu nome: paradigma sistêmico).

Concomitantemente desenvolvia-se a teoria da *gestalt*, originada nos estudos sobre o fenômeno da percepção por Wertheimer (1912). A palavra *Gestalt*, de origem germânica e intraduzível em outros idiomas, significa o modo como os elementos (partes) estão agrupados. A noção de que o todo é maior do que suas partes constituintes e de que os atributos do todo não podem ser dedutíveis a partir do exame isolado das partes constituintes é um dos pilares da teoria sistêmica e se articula com os pressupostos da teoria dos tipos lógicos já mencionada.

Chegamos assim à formulação da teoria geral dos sistemas pelo biólogo austríaco Ludwig von Bertalanffy (1901-1972), elemento nodal da rede de teorias que compõem um novo perfil paradigmático das ciências a partir da segunda metade do século XX e da qual fariam parte ainda, entre outras, a cibernética e a teoria da comunicação humana.

A observação de que havia um isomorfismo entre o modelo estrutural criado por von Bertalanffy para o estudo dos organismos biológicos e o que se verificava em outros campos do conhecimento humano, como, por exemplo, nas ciências sociais, impulsionou-o a desenvolver uma concepção gestáltica que permitisse abranger o saber emergente nas ciências em geral a partir do vértice fornecido pela noção de "sistema". Postulou que, em todas as manifestações da natureza (*lato sensu*, isto é, tanto a natureza física como a que denominamos natureza humana), encontramos uma organização sistêmica, o que pressupõe não um aglomerado de partes e sim um conjunto integrado a partir de suas interações. Desta forma, questões tais como ordem, totalidade, diferenciação, finalidade e outras tantas, menoscabadas pela ciência mecanicista, passaram a ter particular relevância no contexto desta nova orientação epistemológica.

Outras teorias que vieram se articular com a teoria sistêmica na constituição do novo paradigma foram a cibernética (surgida na década de 1940, com Wiener) e a teoria da comunicação humana (a partir dos estudos de Bateson, nos anos de 1950).

No que tange ao que aqui centraliza nosso interesse, ou seja, estudar o impacto do paradigma circular ou sistêmico na abordagem dos grupos terapêuticos, destacamos os seguintes elementos oriundos das teorias que lhe deram sustentação:
1) da teoria sistêmica, a ênfase nos processos interativos em lugar dos intrapsíquicos, focados nas grupoterapias procedentes do paradigma linear;
2) da cibernética, a noção de *feedback* ou retroalimentação na manutenção e/ou alteração de sentimentos, pensamentos ou comportamentos humanos no âmbito dos grupos em geral;
3) da teoria da comunicação humana, além dos aportes ao entendimento da comunicação não-verbal e suas relações com a verbal, o papel das mensagens contraditórias, dos mal-entendidos e das disfunções comunicacionais no mal-estar vigente nos relacionamentos interpessoais;
4) da teoria gestáltica, a idéia de que não há como dissociar o observador do fenômeno por ele observado, pois todos fazem parte de um todo integrado (*Gestalt*).

Desenvolvimentos do conhecimento humano pós-paradigma linear – tais como a cibernética de segunda ordem, o construtivismo, o construcionismo social, a teoria do caos, a teoria da complexidade, para citarmos apenas aqueles mais freqüentemente relacionados com o que se convencionou denominar "pensamento pós-moderno" – ampliaram de tal maneira as perspectivas de se visualizar e entender o que se passa em nós e ao nosso redor que já se admite ter extrapolado as dimensões epistemológicas do paradigma circular ou sistêmico. Com isso justifica-se, portanto, a adoção da expressão "novos paradigmas" para abarcar todo este espectro teórico e suas evidências no campo da práxis científica contemporânea. Penso mesmo que se poderia sintetizar como "paradigma da multiversidade" esta nova concepção do pensamento científico sem o determinismo redutor e limitante imposto pelo paradigma linear. Pode-se dizer que a essência da mutação que assinalou a perda da hegemonia do paradigma linear nas ciências em geral foi a troca da lógica binária ou disjuntiva simbolizada pela partícula excludente "ou" pela lógica multiversa e conjuntiva representada pela partícula includente "e".

Vejamos agora qual o impacto dos novos paradigmas nas grupoterapias que nasceram sob o signo do paradigma linear e quais os questionamentos que trouxeram a seus fundamentos teóricos, deixando para exame posterior as transformações que suscitaram nas técnicas elaboradas à luz destes fundamentos.

O maior impacto que os novos paradigmas tiveram sobre as práticas grupoterápicas, além da noção de que não bastava eliminar supostas causas para suprimir os padecimentos de natureza psicológica que traziam os pacientes aos grupos terapêuticos, foi o de que o foco destas práticas deveria privilegiar o interacional e não o intrapsíquico.

A psicanálise, matriz de onde se originou a imensa maioria das práticas psicoterápicas do século XX, não fugiu ao imperativo categórico dos cânones da ciência de então. Diz-se até que a contribuição hermenêutica da psicanálise foi cerceada ou prejudicada pela preocupação de Freud de condicioná-la aos parâmetros fisicalistas da ciência cartesiana de sua época. A teoria da libido e o determinismo psíquico, enfatizado por Freud em seus trabalhos originais, correspondem a evidentes esforços do criador da psicanálise para adequar suas descobertas ao paradigma científico então vigente. Tanto em sua teoria explicativa do funcionamento da mente quanto no método psicoterápico derivado desta, Freud nunca foi além da postulação "a cada efeito deve corresponder uma causa", referencial axiomático do pensamento linear.

Assim como a psicanálise, todas as demais modalidades psicoterápicas surgidas na primeira metade do século passado, e mesmo algumas que vieram a lume posteriormente, rezavam pela cartilha do pensamento linear, padrão causa-efeito. Reviver situações conflitivas no contexto transferencial de uma sessão realizada sob o vértice psicanalítico ou na cena dramática proposta pelo psicodrama são abordagens técnicas distintas, mas coincidem na idéia de que o objetivo é obter a remissão da dor psíquica (efeito) pela remoção do trauma psicológico que supostamente a determinou (causa).

O conceito de trauma psicológico, tão caro à psicanálise em suas origens para explicar a ocorrência dos transtornos mentais, veio a ser revisto pela noção introduzida pelo enfoque sistêmico de que, mais do que um evento traumático único e específico, eram os traumas repetitivos e geralmente inespecíficos os principais responsáveis pelas perturbações mentais estudadas por Freud, conforme propõe um dos axiomas da teoria sistêmica, o da multicausalidade ou equifinalidade, segundo o qual o mesmo efeito pode se dever a várias causas, assim como uma mesma causa pode determinar diversos efeitos.

O determinismo psíquico, um dos fundamentos axiomáticos da teoria psicanalítica, corrobora as origens da psicanálise no paradigma linear, padrão causa-efeito. A transferência, pedra-de-toque do método psicanalítico, por sua vez, é intrinsecamente uma manifestação de linearidade, segundo a qual o que é transferido não está sujeito a mutações de percurso nem a retroalimentações por parte dos sucessivos depositários dessa transferência e, portanto, chega ela a seu destino como foi estruturada na relação com o objeto original.

A neutralidade do terapeuta, um dos fundamentos do método psicanalítico, pressupõe a possibilidade de o analista não sofrer interferências em sua mente por parte do material aportado pelo paciente e apenas refletir em suas intervenções interpretativas, tal qual um espelho, o que se passa na mente do paciente. Os sentimentos contratransferenciais, para Freud, seriam uma contaminação indesejável que deveria ser mantida sob controle durante o processo analítico. Só com o advento dos trabalhos de Heimann e Racker na década de 1950, que admitiam a possibilidade de o analista utilizar-se de seus sentimentos contratransferenciais como instrumento de trabalho e eventualmente até formular interpretações por meio desses sentimentos, houve uma aproximação à idéia de inclusão do analista no sistema terapêutico. Porém, como se supunha que os sentimentos contratransferenciais eram aqueles que o paciente despertava no terapeuta por identificação projetiva e, portanto, não pertenciam originalmente ao terapeuta, a psicanálise não avançou, como o fez a terapia familiar sistêmica, no sentido de assimilar as constatações que deram origem à chamada segunda cibernética (ou cibernética dos sistemas observadores) e que hoje monitoram o campo epistemológico das ciências em geral, ou seja, que o observador é parte do que observa e necessariamente o afeta.

Penso que a maior crítica que se possa fazer a partir da visão novo-paradigmática às grupoterapias derivadas da psicanálise foi terem sido negligenciados os fenômenos interacionais específicos do campo grupal, pela ênfase posta na compreensão do que ocorre no interior do psiquismo humano, fulcro do interesse primordial da psicanálise.

Quanto ao ponto de vista metodológico, ao se extrapolar para a situação grupal o que se observava na situação analítica bipessoal, como o fizeram os primeiros grupanalistas, usaram-se alguns artifícios, tais como considerar o ente grupal como se fosse equivalente aos indivíduos que o compunham. Daí o uso e consagração de expressões tais como "inconsciente grupal" ou o emprego de interpretações dirigidas ao grupo como um todo. Recordemos que, segundo a teoria dos tipos lógicos, interpretações dirigidas ao grupo não podem alcançar indistintamente os membros do grupo, assim como interpretações dirigidas a um membro do grupo não são válidas para o grupo como um todo, por serem grupo e membros tipos lógicos distintos.

Enquanto na grupanálise as intervenções terapêuticas se processam em cima do contexto representacional das relações de objeto, ou seja, operando sobre as fantasias inconscientes que matizam as relações intersubjetivas, o enfoque sistêmico propõe que se opere sobre o contexto relacional enquanto tal se apresente nas interações grupais, independentemente (ou a par) dos conteúdos inconscientes que subjazem a tais interações.

A teoria da comunicação humana, por sua vez, enfatizou que a linguagem verbal conta com uma sintaxe sumamente complexa e habilitada a expressar conteúdos de pensamento, mas carece da semântica que a não-verbal possui para transmitir o que se passa no campo relacional, por meio de expressões fisionômicas, gestos, atitudes corporais. Ora, o método analítico foi definido originalmente como uma "cura pela palavra". Por outro lado, mesmo com a situação *vis-à-vis* requerida pelo contexto grupal e distinta da posição do paciente reclinado sobre o divã comunicando-se com seu analista apenas pela fala, persistiu na prática grupoterápica de origem psicanalítica o privilégio da comunicação verbal. Ainda que o psicodrama tenha desfocado o verbal para introduzir a movimentação que a cena dramática requer, ele não coloca a tônica das intervenções terapêuticas nas disfunções comunicacionais emergentes nas interações grupais, como pressupõe que se faça a abordagem sistêmica.

As mensagens contraditórias, denunciadas na hipótese do duplo vínculo elaborada por Bateson (1956) nos seus estudos sobre a esquizofrenia (que se constituíram nos primeiros aportes à teoria da comunicação humana), e a análise dos mal-entendidos delas decorrentes trouxeram a necessidade de uma releitura do fenômeno da resistência às intervenções do terapeuta. Da mesma forma, induziram a um novo entendimento da maneira como os pacientes de um grupo terapêutico reagem às manifestações de seus pares.

A noção de *feedback* ou retroalimentação, contribuição da cibernética que permitiu visualizar o caráter recursivo ou circular das interações grupais e deu nome ao paradigma emergente (paradigma circular), foi decisiva para um novo olhar sobre os mecanismos de mudança (*feedback* positivo) ou estabilização (*feedback* negativo) que ocorrem em um grupo e que independem dos resultados terapêuticos obtidos pelos seus participantes.

No advento dos desdobramentos do paradigma sistêmico, a passagem da primeira cibernética (ou dos sistemas observados) para a segunda cibernética (ou dos sistemas observadores) acarretou mais do que um redimensionamento, uma verdadeira mutação na consideração do papel do terapeuta grupal.

Quando incluímos o observador (terapeuta) no sistema observado (grupo), como preconiza a segunda cibernética, já não podemos considerá-lo como capaz de descrever a realidade objetiva do que se passa no grupo, por estar inserido na sua trama interacional e, portanto, ser parte do que observa ou interpreta. Ainda que diferenciado pelos atributos que possua para conduzir o processo grupal, o terapeuta já não pode ser hierarquizado como emissor de significados ou tradutor dos fenômenos grupais, na medida em que sua função fica relativizada por, metaforicamente, não estar sendo exercida do ápice da pirâmide, mas sim de um dos pontos do círculo.

A presença do observador modifica o fenômeno observado, tanto quanto é ele afetado pelo que observa, ou seja, terapeuta e grupo são influenciados reciprocamente pelos *feedbacks* emitidos entre eles. Se o terapeuta tem particular interesse em analisar sonhos para compreender os sentimentos dos pacientes do grupo, eles certamente trarão mais sonhos para serem examinados nas sessões do que o fariam em outro grupo em que o terapeuta não apresentasse esta motivação. Em contrapartida, um grupo de pacientes deprimidos ou silenciosos poderá induzir o terapeuta a estados de sonolência durante as sessões.

Possivelmente as circunstâncias enfatizadas pela visão novo-paradigmática estão nas origens da expressão, a um tempo jocosa e contundente, de Anthony (1988), quando afirmava que "todo terapeuta tem o grupo que merece"; ao que teríamos que aduzir, circularmente, que "todo grupo tem o terapeuta que merece".

O construtivismo, outra vertente teórica do pensamento novo-paradigmático, postula que o conhecimento é construído a partir das interações do indivíduo com o objeto do conhecimento e em determinado contexto social. Para o construtivismo, este conhecimento se dá a partir de processos intrínsecos da mente. Já para o construcionismo social, um desdobramento do pensamento construtivista, o conhecimento teria origem nos processos interpessoais e não nas mentes individuais. Logo, como inferência, as mudanças psíquicas obtidas nas grupoterapias seriam uma co-construção entre todos os membros do grupo (terapeuta e pacientes) e não apenas fruto das intervenções do terapeuta dirigidas aos componentes do grupo. Não seria sem sentido supor-se, segundo a ótica construcionista, que o terapeuta experimenta, tal qual seus pacientes, a oportunidade de efetuar câmbios psíquicos durante sua atividade como grupoterapeuta e em decorrência dela.

O construtivismo e o construcionismo social têm como aspectos convergentes as circunstâncias de que ambos rejeitam o dualismo sujeito/objeto e coincidem ao focar antes os processos de construção recíproca do real do que a realidade preexistente. E como aspectos divergentes há os seguintes:

- Para o construtivismo, a construção do saber dá-se a partir dos processos intrínsecos da mente do indivíduo; para o construcionismo, a partir das relações sociais.
- O construtivismo apóia-se na metáfora cibernético-sistêmica, que os construcionistas sociais criticam por achar que esta prioriza o *controle* do que ocorre nos sistemas em lugar da *compreensão* do que nele se passa; os construcionistas preferem, então, a metáfora pós-moderna ou antropológica, que enfatiza as narrativas.

- O construtivismo relaciona-se com a segunda cibernética, ao passo que o construcionismo aproxima-se da ciência da complexidade, na sua visão da dialética caos ↔ organização.
- O construtivismo foca o mundo representacional; o construcionismo, o mundo relacional.

A idéia da aleatoriedade que, segundo a teoria do caos, é sempre encontrada nos sistemas vivos em geral e preside sua auto-organização, veio contrapor-se à visão determinista das origens do universo e, por extensão, aos determinismos em geral, incluindo o determinismo psíquico, que monitorou o desenvolvimento da teoria psicanalítica. Os comportamentos irregulares e imprevisíveis dos chamados sistemas não-lineares, tais como espirais de chama de fogo, redemoinhos ou formação de nuvens, também poderiam verificar nos processos grupais, contrastando com a visão simplificadora ou reducionista que queira atribuir unicamente a motivações inconscientes a pauta das interações vigentes em um processo grupoterápico.

Da imprevisibilidade e instabilidade encontrada em todas as manifestações da natureza, desde os fenômenos físicos aos biológicos e sociais, surgiu a necessidade de compor-se uma rede de significados que pudesse aproximar-se à complexidade dos comportamentos observados nos sistemas humanos. Disto trata a teoria da complexidade, que parte da premissa de que o pensamento disjuntivo ("ou") deve dar passo ao pensamento conjuntivo ("e") para darmos seqüência à evolução do conhecimento humano.

No que diz respeito aos distintos marcos referenciais teórico-técnicos que sustentam as grupoterapias, poderíamos dizer, metaforicamente, que eles são como os diferentes ângulos sob os quais vislumbramos determinada paisagem. Digamos que seja como as colinas que circundam um vale e que vamos descrevendo conforme aquela de onde o estamos observando: ora ele poderá se evidenciar como uma escarpa rochosa por onde verte suas águas em uma cachoeira, ora como uma encosta verdejante com suas lavouras semeadas, ou ainda como um vilarejo acompanhando as sinuosidades de um rio. Os sistemas humanos, entre eles os grupos terapêuticos, são por demais complexos para que se possa abarcá-los de um só ponto de vista: psicanalítico, psicodramático, gestáltico ou o que mais for. Não se trata, portanto, de privilegiar um ponto de vista em relação aos outros, mas de fazer com que interajam, complementem-se ou, melhor dizendo, suplementem-se para que cada qual possa desvendar o que ficou oculto pelos pontos cegos do outro.

Trata-se, portanto, como sugere a etimologia do termo "complexo", de tecer juntos uma visão mais abrangente e um método mais eficaz de abordar terapeuticamente os grupos. Para isso faz-se mister contar com a práxis interdisciplinar, ferramenta indispensável à construção do saber novo-paradigmático.

Na prática interdisciplinar que se vai constituindo para o conhecimento dos processos mentais e, *ipso facto*, de sua expressão nos grupos terapêuticos, há que se incluir a crescente contribuição das neurociências. Como uma evidência do impacto sobre o que aqui estamos considerando das constatações experimentais dessa nova disciplina que se expandiu na crista da onda tecnológica das últimas décadas, recorde-se que, como afirma Nava (2003), "a lesão bilateral dos quadrantes ântero-internos dos lobos frontais dá origem a um estado mental compatível com as características descritas por Freud como sendo as específicas do sistema inconsciente." Isso nos leva a inferir que o inconsciente é o que emerge pela lesão ou disfunção da mencionada área cerebral e não uma instância psíquica autônoma, a presidir nossos sentimentos, pensamentos e ações, como o quis Freud.

Com esse questionamento sobre o que seria a base axiomática das grupoterapias de fundamentação psicanalítica, que é a noção de inconsciente, deixamos a discussão do impacto dos novos paradigmas sobre as grupoterapias nascidas sob a égide do paradigma linear para nos ocuparmos da terapia familiar sistêmica, que nasceu simultaneamente com a visão novo-paradigmática, sendo mesmo considerada sua expressão ou face clínica.

9
Terapia familiar sistêmica: a expressão clínica dos novos paradigmas

Enquanto as modalidades de terapias grupais provenientes do contexto do paradigma linear originaram-se no seio de uma única disciplina ou referencial teórico-prático (ainda que posteriormente vindo constituir formas híbridas, como mencionamos), a Terapia Familiar Sistêmica (TFS) nasceu sob a égide da interdisciplinaridade. Para todos os efeitos, considera-se ter ela nascido com o grupo constituído em torno da figura do antropólogo George Bateson, em Palo Alto, na Califórnia, nos idos dos anos de 1950. Recorde-se que este grupo era marcadamente heterogêneo quanto à procedência profissional de seus membros constituintes. Participavam da constituição inicial, além de Bateson, Jay Haley, estudante de comunicação que analisava filmes de ficção; John Weakland, engenheiro químico (que se "converteu" à antropologia, tendo sido aluno de Bateson); Don Jackson, psiquiatra. A eles depois vieram agregar-se, entre outros, o filósofo e lingüista Paul Watzlawick e a assistente social Virginia Satir.

A TFS nasceu *pari passu* com a elaboração das teorias que balizaram a entrada em cena dos novos paradigmas. Se fôssemos escolher um evento emblemático desta mudança paradigmática, recairia na hipótese sobre o duplo vínculo na gênese dos processos esquizofrênicos (Bateson, 1956) e que assinalaria o surgimento da teoria da comunicação humana, a ser enriquecida com a noção de *feedback* oriunda da cibernética (Wiener, 1948) e articulada com a teoria geral dos sistemas elaborada por von Bertalanffy a partir dos anos de 1930.

Pela importância assumida no desencadeamento dos procedimentos técnicos que iriam caracterizar a TFS nos seus primórdios, vamos referir brevemente em que consiste a hipótese de Bateson: o duplo vínculo (ou duplo aprisionamento, como preferimos designá-lo, respeitando o significado da expressão inglesa *double bind*) consistiria em uma situação comunicacional que gera uma seqüência de instruções paradoxais da qual o indivíduo (no caso o paciente esquizofrênico) não pode escapar, ficando por elas aprisionado e impossibilitado de discriminar entre o certo e o errado, entre o bom e o mau, entre a proteção e o abandono, e outras categorias valorativas que se opõem.

Exemplificando: uma mãe diz ao filho: "podes brincar do que quiseres agora, mas tu sabes que eu não gosto que brinques de correr porque ficas suado". Há uma primeira instrução ("podes brincar do que quiseres") a qual se segue uma segunda ("mas não do que eu não quero") que contraria a primeira e coloca o filho diante de um impasse: se brincar de correr porque é o que quer, e assim obedecer a primeira instrução da mãe irá desobedecer-lhe, conforme o enunciado da segunda instrução.

Segundo esta concepção teórica, o comportamento esquizofrênico resultaria do emprego reiterado de comunicações do tipo duplo vínculo no contexto familiar. Este seria o primeiro passo para a consideração de que o paciente seria um emissor da patologia familiar (correspondendo à denominação "paciente identificado", de uso corrente a partir de então entre os terapeutas sistêmicos).

Até aqui Bateson continua navegando nas águas do paradigma linear, padrão causa (duplo vínculo) e efeito (esquizofrenia); mas, então entra em cena a contribuição da cibernética, com sua noção de *feedbacks* positivos (que induzem às mudanças no sistema) e negativos (que procuram manter a homeostase do sistema), acolhida por Bateson (1972) com o entusiasmo expresso hiperbolicamente nesta frase: "A cibernética foi a maior mordida na árvore do conhecimento que a humanidade deu em 2 mil anos" .

Por seu turno, o estudo dos sistemas abertos em contínuos processos de mudança ↔ equilíbrio e permanentes trocas com o exterior, como são os sistemas biológicos estudados por von Bertalanffy, forneceu por isomorfia o modelo para se pensar os grupos humanos segundo a ótica circular que caracteriza o novo paradigma, em que não conta é o que se passa na mente dos indivíduos que compõem o grupo, mas nas interações entre eles.

Este seria o momento de introduzirmos a metáfora da caixa preta para compreender como tais teorias se apresentaram nos movimentos iniciais da TFS. Esta expressão, tornada de domínio público pela freqüente alusão a ela feita por ocasião de acidentes aéreos e pela busca de suas causas, originalmente era empregada para certos tipos de equipamentos eletrônicos capturados pelo inimigo e cuja abertura era perigosa pela possibilidade de conter cargas explosivas. Posteriormente a expressão passou a ser utilizada para identificar aqueles equipamentos eletrônicos que, pela complexidade de seus sistemas, levaram os especialistas a se concentrarem antes nas relações específicas entre suas entradas (*inputs*) e saídas (*outputs*) do que na sua estrutura interna. Metaforicamente podemos dizer que cada membro de uma família era, para os primeiros terapeutas de família sistêmicos, como uma caixa preta cujos *outputs* (reações emocionais, sintomas, sonhos, atos falhos, associações livres, manifestações transferenciais, atuações) e *inputs* (atitudes dos familiares e circunstantes, realidade socioeconômica e cultural circunjacente, intervenções do terapeuta) estabeleciam relações de sentido que permitiam que os analisássemos sem que precisássemos ingressar na intimidade dos processos intrapsíquicos (estrutura interna) para alterar comportamentos.

Voltando à hipótese do duplo vínculo, alimentada pelas noções subseqüentemente incorporadas dos *feedbacks* positivos ou negativos e do postulado da circularidade sistêmica, ou seja, das influências recíprocas entre os componentes de um sistema, encontramo-nos com o questionamento básico dos pioneiros da terapia familiar: se mudarmos os padrões interativos no seio de uma família, podemos alterar o comportamento de seus membros e por conseqüência a patologia de seu(s) membro(s) enfermo(s)?

Procurando responder a esta questão e perseguindo o objetivo de obter tais mudanças no jogo interativo dos membros de uma família, os terapeutas familiares sistêmicos passaram a desenvolver uma série de estratégias e de variantes técnicas que visavam alcançar tais propósitos. Entre elas, mencionaríamos a aplicação "terapêutica" e, portanto, paradoxal, do duplo vínculo e suas mensagens contraditórias, a prescrição ou conotação positiva do sintoma, a provocação terapêutica, o questionamento circular e outras mais.

Nos momentos iniciais, sob a égide do paradigma sistêmico emergente, com os contributos dos estudos sobre a comunicação humana e a influência da primeira cibernética, e com o pressuposto da objetividade da posição do terapeuta-observador (crença compartilhada com o paradigma linear), a terapia familiar pôs sua ênfase na correção dos desvios apresentados pela família (pela retroalimentação negativa ou manutenção da homeostase familiar) ou no incremento destes desvios (pela retroalimentação positiva ou desequilíbrio da homeostase familiar).

Por isso, há quem diga que só com o advento da segunda cibernética, que incluiu o observador no contexto dos fenômenos observados e considerou-o incapaz da pretendida objetividade enquanto participante do processo, deu-se na sua plenitude a mudança paradigmática e, por sua vez, um novo rumo à TFS, em que o espaço terapêutico passou a ser cada vez mais considerado como o de uma (re)construção de significados na relação não hierarquizada entre terapeuta e família.

Na verdade, mesmo com sua breve história de pouco mais de meio século, a TFS vem apresentando contínuas transformações, que são referenciadas pela ascensão da cibernética de segunda ordem à condição de nova epistemologia e à criação de uma matriz sistêmico-cibernética para a prática da terapia familiar.

Foi com a TFS que os novos paradigmas introduziram-se no âmbito das terapias grupais, a partir dos anos de 1960. Enquanto presenciávamos o gradativo declínio das modalidades de terapias grupais com o esgotamento epistemológico do paradigma linear, a TFS experimentava um verdadeiro *boom* a partir dos anos de 1980 em várias partes do mundo.

A TFS seguiu acompanhando a evolução do pensamento novo-paradigmático, transformando sua práxis na medida em que incorporava os conhecimentos dele advindos. Assim, na passagem da primeira para a segunda cibernética, emerge a corrente do construcionismo social, propondo que o processo terapêutico seria uma construção compartilhada pelo terapeuta e pelos membros da família no espaço relacional entre eles.

Influenciadas pela corrente construcionista, surgiram as terapias centradas na dissolução do problema em oposição às centradas no sintoma, e introduziu-se na metodologia terapêutica o emprego das chamadas equipes reflexivas, que se opunham à orientação demasiado hierarquizada e centralizada na figura do terapeuta dos primeiros modelos da TFS, preconizando a circulação e as trocas de reflexões entre membros da equipe terapêutica e a própria família. Seguindo o fluxo do construcionismo social passou-se a criticar a visão cibernética, por se entender que ela prioriza o controle do que ocorre nos sistemas em lugar da compreensão do que nele se passa, e com isso os círculos de *feedback* dos sistemas cibernéticos foram substituídos pelos círculos intersubjetivos do diálogo.

O pressuposto de que as pessoas são "construídas" pelas histórias que vivem e de que na trama destas histórias entram elementos provenientes do ambiente sociocultural em que os sistemas familiares estão inseridos conduziram às intervenções nas redes sociais, ultrapassaram os limites do território familiar para contextualizar a família na comunidade e nela criar espaços terapêuticos, como os que veremos descritos no próximo capítulo.

10
Terapia comunitária: no âmbito das redes sociais

...assim como as teorias psicodinâmicas não prestaram atenção ao contexto do indivíduo, os terapeutas familiares atuais ignoram ativamente o contexto da família

Salvador Minuchin no prefácio ao livro
A rede social na prática sistêmica, de Carlos Sluzki

A corrente do construcionismo social trouxe duas conseqüências, uma teórica e outra clínica, à terapia do grupo familiar: a primeira foi deixar de considerar-se a família como um ente ao qual se aplicará um procedimento terapêutico (como antes procedia-se com as psicoterapias individuais) e a segunda, a introdução do trabalho com as redes sociais em que estão inseridas as famílias.

O fulcro dessa nova visão ou desdobramento do pensamento sistêmico é considerar-se que as famílias estão inseridas em um contexto sociocultural do qual não podemos dissociá-las e que também é compartilhado pelo terapeuta. Concomitantemente, passou-se a adotar uma nova dimensão no processo terapêutico com a noção de narrativa, ou seja, o campo das histórias em comum compartilhadas pelas famílias e pela comunidade em que estão inseridas. Como sugere Sluzki (1996), ser membro de uma família significa compartilhar histórias, descrições, valores, relatos, da mesma forma como fazer parte de um grupo social significa compartilhar hábitos, crenças, visão de mundo, ideologias. A isso acrescentaria que também o momento histórico em que se vive cria determinados condicionamentos incorporados a este contexto sociofamiliar.

Ferrarini (1988) fala-nos de uma narratividade múltipla, ou seja, que há uma narrativa na relação do indivíduo com a família, outra com a escola, uma terceira com o grupo de amigos, e acrescenta: "A narratividade múltipla torna-se fundamental para a construção de uma experiência terapêutica significativa e participativa que considere a versão do profissional, da família e das organizações da comunidade".

A intervenção em redes na práxis clínica pode ser ilustrada com a terapia comunitária.

Embora seus fundamentos sustentem-se na visão novo-paradigmática, não se pode dizer que ela tenha se originado de um contexto teórico.

Seu criador foi um brasileiro, Adalberto Barreto, psiquiatra e antropólogo, professor da Universidade Federal do Ceará (UFC). Em meados da década de 1980, atendendo solicitação de seu irmão – o advogado Airton Barreto, militante dos direitos humanos – se propôs a dar atendimento à população carente de uma favela da cidade de Fortaleza, conhecida como Pirambu. Lá criou o projeto Quatro Varas, destinado à prestação de serviços voltados à saúde mental da comunidade.

O projeto, que nasceu vinculado ao Departamento de Saúde Comunitária da UFC dirigido por Adalberto Barreto, ganhou corpo, criou identidade e formatação próprias constituiu-se em uma proposta original de atenção às demandas e às necessidades de um grupo de pessoas cujo número extrapolaria a possibilidade de proporcionar-lhes atendimento similar no exíguo espaço de um ambulatório de saúde mental.

Resumidamente o método consiste no seguinte:

Uma vez por semana, os membros da comunidade participam de uma reunião de três horas de duração para compartilhar suas narrativas de vida, seus temores, suas aflições, seus conflitos ou seus padecimentos. Estas reuniões, no projeto original Quatro Varas, ocorrem em um grande círculo sob uma palhoça com o desenho de uma teia de aranha no piso, para simbolizar a rede de sustentação sociocultural a que se propõe o método. Como diz Barreto, "a cultura é para o indivíduo assim como a teia é para a aranha: ela nutre, agrega e sustenta a vida".

Estes encontros são gratuitos e abertos a todos que quiserem participar, nos quais os presentes contam experiências, dificuldades, receios e desilusões, falam de violência doméstica, de traições conjugais, das angústias geradas pelo desemprego, dos preconceitos, das dores do corpo e da alma, trocam confidências sobre questões familiares, e têm o terapeuta como monitor da "busca da cura para a miséria interior pelo resgate da auto-estima", conforme as palavras de Barreto.

Há uma seqüência proposta para o balizamento da reunião:

O primeiro momento é designado como de acolhimento, em que se procura criar um clima de proximidade entre todos, indagando-se, por exemplo, quem aniversariou naquele mês e festejando os aniversariantes cantando "Parabéns a você". Na seqüência, escolhe-se o tema, isto é, alguns narram resumidamente suas aflições do momento e o que gostariam de trazer ao grupo para discutir. Os demais participantes escolhem o que é capaz de causar maior mobilização entre os presentes (aqui entra em cena o fator identificação com o sofrimento daquele que for o escolhido para apresentar o tema do dia). A contextualização vem a seguir, ou seja, o escolhido fala de seu problema, e aos demais só é permitido fazer perguntas que esclareçam melhor o sofrimento que está sendo trazido para ser compartilhado. Não são permitidas observações que possam ser tomadas como conselhos, sermões ou admoestações, nem o desvio do foco do narrador com o relato de suas próprias vicissitudes. Na fase seguinte, denominada problematização, é solicitado aos presentes que tragam situações suas que se relacionem direta ou indiretamente com a descrita pelo apresentador do tema do encontro. Finalmente, encerra-se com uma reflexão sobre o que cada um leva como proveitoso daquele momento de compartilhamento que experimentaram (o encontro geralmente é encerrado com música e cantos entoados pelo grupo todo).

Quando a reunião termina, há uma conscientização geral de que ninguém vive seus dramas e sofrimentos sozinho. Essa é a via para a obtenção dos resultados terapêuticos colimados pela terapia comunitária.

No dizer de seu criador,

> a Terapia Comunitária é um instrumento que nos permite construir redes sociais solidárias de promoção da vida e mobilizar os recursos e as competências dos indivíduos, das famílias e das comunidades. Procura suscitar a dimensão terapêutica do próprio grupo valorizando a herança cultural dos nossos antepassados indígenas, africanos, europeus e orientais, bem como o saber produzido pela experiência de vida de cada um.

Sua linha mestra de atuação pode ser consubstanciada nos itens seguintes:

- ir além do unitário para atingir o comunitário;
- sair da dependência para a autonomia e co-responsabilidade;
- ver além da carência para ressaltar a competência;
- sair da verticalidade das relações para a horizontalidade;
- sair da descrença na capacidade do outro para acreditar no potencial de cada um;
- ir além do privado para o público;
- romper com o clientelismo para chegar à cidadania;
- romper com o isolamento entre o "saber científico" e o "saber popular";
- romper com o modelo que concentra a informação para fazê-la circular.

Hoje o projeto de terapia comunitária criado para a pequena comunidade de Pirambu estende-se pela maioria dos estados brasileiros, com um número aproximado de 10 mil terapeutas comunitários formados pelas instituições reprodutoras do método original, em estreito contato com os programas de saúde da família, já adotado como política oficial de saúde pública em muitos locais do país.

Paralelamente, tornou-se conhecido no exterior pela atividade docente e hoje já encontramos núcleos em cidades como Lyon, Marselha, Grenoble e Genebra. Assim como ocorreu com as comunidades terapêuticas infanto-juvenis, a terapia comunitária vem se constituindo em um modelo terapêutico "exportado" pelo Brasil para outros países, tais como Suíça e França.

11
Revisitando conceitos, teorias e abordagens à luz dos novos paradigmas

Indubitavelmente a psicanálise, com seu aporte à compreensão das motivações inconscientes da conduta humana, forneceu substrato indispensável para quem se propõe a entender o que se passa no campo das interações humanas. Não obstante, o entendimento dos fenômenos grupais sempre esteve a demandar novas contribuições epistemológicas que privilegiassem o enfoque do que é peculiar ao campo grupal.

Carecíamos de uma epistemologia própria ao estudo e à compreensão dos fenômenos grupais, o que – a meu ver – levou a muitos equívocos na abordagem clínica subseqüente. Talvez esse tenha sido um dos motivos para a relativamente escassa expansão e sucesso das práticas grupoterápicas de fundamentação psicanalítica em nosso meio (refiro-me aqui particularmente ao ocorrido no Brasil).

Em meados dos anos de 1980, lancei uma hipótese sobre a razão do declínio da prática da grupoterapia analítica em nosso meio (Osorio, 1986). Na época, enquanto uns atribuíam tal declínio ao fato de a International Psychoanalytical Association (IPA) tratá-la como uma espécie de filha bastarda da psicanálise e desaconselhar ou desestimular sua prática entre seus membros, outros o relacionavam à repressão das atividades grupais em geral por parte dos governos ditatoriais da América Latina, por supô-las potencialmente subversivas. Sugeri, então, que mais do que qualquer das razões aventadas, este declínio devia-se à incongruência teórica e às dificuldades técnicas de transpor o modelo terapêutico da psicanálise, originalmente criado para a relação dual analista-paciente, para a situação grupal, muito mais complexa e com sua singularidade contextual.

Tal hipótese vê-se corroborada quando a examinamos à luz do que vinha ocorrendo desde os primórdios da grupanálise. Já os pioneiros, como Foulkes, admitiam que a dinâmica de grupo formulada por Lewin poderia contribuir com a prática grupoterápica, o que mais tarde foi institucionalizado pela criação da teoria dos grupos operativos por Pichon-Rivière. Os grupoterapeutas franceses, sobretudo os que trabalhavam com grupos infantis, tais como Lebovici e Anzieu, interessaram-se pelas contribuições do psicodrama, dando origem ao que depois se designou como psicodrama psicanalítico. Mais recentemente, ao estabelecer os fundamentos da psicanálise das configurações vinculares, seus mentores implicitamente reconhecem que o olhar intrapsíquico proposto pela psicanálise é insuficiente para balizar a práxis grupoterápica.

No entanto, curiosamente, o marco referencial teórico-técnico que poderia trazer maiores aportes à prática terapêutica com grupos em geral não foi até agora devidamente considerado e muito menos assimilado pelos grupoterapeutas: a teoria sistêmica e a teoria da comunicação humana, que lhe é correlata.

A terapia do grupo familiar, contudo, desenvolveu-se no âmbito do paradigma sistêmico, e a isso se credita seu prestígio e seu crescimento acelerado nas últimas décadas, quando o movimento científico como um todo vem incorporando as noções oriundas das idéias sistêmicas e suas afins. O movimento grupoterápico carece de apropriar-se destas contribuições epistemológicas para, quando menos, adequar-se aos tempos e ao estágio atual do conhecimento científico.

Como já assinalamos, os conflitos intrapsíquicos constituem o fio condutor das terapias oriundas do paradigma linear, ao passo que a tônica, nas que se esboçam a partir do paradigma sistêmico, recai nas mudanças no âmbito das relações interpessoais e na dissolução dos mal-entendidos, consoante o entendimento proporcionado pela teoria da comunicação humana.

O enfoque sistêmico procura obter, por meio do contexto interativo proporcionado pelo campo grupal, relações de sentido para os padecimentos humanos que soem emergir nas fronteiras (ou zonas de fricção) interpessoais, ensejando a construção compartilhada de uma rede de significados a partir dos nós comunicacionais que vão tramando as narrativas individuais.

Enquanto o viés da psicanálise ou do psicodrama é o da revivência do passado na atualização do contexto transferencial ou da cena dramática, o do enfoque sistêmico, sobretudo em sua mais recente versão construcionista, é prospectivo: com o jogo interativo estabelecido na trama das narrativas pessoais, ele procura transformar situações dilemáticas em dialéticas e, assim, tenta eliminar a pauta dos estereótipos adquiridos pelos participantes do grupo para focar as mudanças por eles desejadas.

As observações sobre diferenças na abordagem técnica nos conduz a uma questão correlata: o papel do mundo representacional das relações de objeto interiorizadas e o do universo das relações interpessoais enquanto tais no estabelecimento do espaço terapêutico e sua instrumentação durante o processo grupal.

Como vimos, alguns teóricos da psicanálise das configurações vinculares aproximam-se dos terapeutas sistêmicos ao privilegiar o referencial externo no vínculo, ou seja, ao postular que o vínculo é antes de tudo interpessoal, embora levando sempre em conta o espaço psíquico intra-subjetivo na constituição do vínculo, ou seja, o espaço representacional das relações de objeto.

Aqui se faz mister considerar uma importante distinção de natureza conceitual e que se reflete nas abordagens propostas: enquanto as relações de objeto são representações mentais de vivências passadas e só presentificadas no campo transferencial da situação analítica (individual ou grupal), as relações interpessoais de que se ocupa a visão sistêmica são as que emergem no acontecer grupal e, portanto, sempre atuais.

O enfoque da grupanálise se faz a partir do mundo intersubjetivo albergado nos estratos mentais inconscientes dos componentes do grupo e reatualizado na situação grupal, ao passo que o enfoque sistêmico privilegia o que surge nas interações entre os membros do grupo como expressão do modo de se relacionar de cada um e de todos.

Como se vê, a realidade externa das interações pessoais é prevalente nas terapias de orientação sistêmica, e talvez isso tenha a ver com sua maior aceitação em um momento histórico como o que vivemos, tão pouco inclinados a práticas introspectivas e voltado pragmaticamente à procura de solução dos conflitos humanos e ao alívio a curto prazo dos sofrimentos psíquicos que os acompanham.

Na grupoterapia psicanalítica, as ferramentas de trabalho psicoterápico são a transferência e a interpretação; no psicodrama o *role-playing* e o exercício da espontaneidade; na psicoterapia familiar sistêmica, os vetores da atividade psicoterápica passam a ser a interação e a comunicação.

A técnica do *role-playing* ou jogo de papéis é largamente utilizada em Terapia Familiar Sistêmica (TFS), e podemos mesmo dizer que foi incorporada à práxis da imensa maioria dos terapeutas familiares sistêmicos, que também enfatizam o exercício da espontaneidade.

No que diz respeito às intervenções interpretativas, há marcadas diferenças não só entre as grupoterapias analítica e sistêmica como entre as várias correntes da TFS. Com relação à transferência, curiosamente foi em torno de suas conotações conceituais e de sua utilização no processo analítico que a psicanálise começou a engatinhar na direção do paradigma sistêmico então apenas emergente.

A transferência foi originalmente concebida por Freud como sendo primordialmente um deslocamento de sentimentos de um para outro objeto afetivo, levado a efeito espontaneamente em todas as relações humanas e, portanto, não específica do processo analítico, onde inicialmente o criador da psicanálise a via apenas como parte da resistência ao processo. Quando Freud percebeu que o fenômeno transferencial tem importante papel não só como manifestação resistencial, mas como via de acesso aos conteúdos intrapsíquicos e como instrumento da ação terapêutica da psicanálise, passou a hierarquizar o contexto interacional da relação analista-analisando no método analítico. Mais tarde, com a entrada em cena da noção de contratransferência, também inicialmente estudada e compreendida como um fenômeno resistencial, foram se estabelecendo as condições para se visualizar o processo analítico dentro de uma ótica circular e sujeito a retroalimentações entre seus participantes. Recorde-se ainda que, para alguns analistas contemporâneos a contratransferência não passa dos sentimentos transferenciais do analista em relação a seus pacientes.

Há que se considerar ainda que a transferência, como a entendem os grupanalistas, é uma expressão de linearidade, ou seja, chega a seu destino na figura do terapeuta assim como foi estruturada na relação com o objeto afetivo original. Na concepção circular ou sistêmica, pode-se inferir que o que é transferido sofre mutações em seu percurso em função das retroalimentações por parte dos sucessivos depositários deste material transferencial.

A noção de inconsciente é tida como fundante da teoria psicanalítica e, como tal, uma espécie de *nóli-me-tangere* para os terapeutas nela referenciados. Já vimos, contudo, como é possível visualizar o inconsciente sob um prisma distinto a partir das descobertas das neurociências, ou seja, não como um espaço, ainda que virtual, onde residem os conteúdos das protofantasias e o material reprimido das vivências infantis, mas como o que se manifesta na ausência das funções conscientes cujo substrato orgânico encontra-se nos quadrantes ântero-internos dos lobos frontais (Nava, 2003).

Freud nos apresentou o conceito de inconsciente, segundo o padrão causa-efeito do paradigma linear, como uma grande usina onde se processam os determinantes de nossos sentimentos, pensamentos e ações. O caráter substantivo da expressão "inconsciente" cedeu espaço, na evolução da teoria psicanalítica, à sua função adjetiva (que qualifica conteúdos da mente). Porém, ainda hoje predomina, tanto no meio psicanalítico como fora dele, a idéia de que o inconsciente seja como uma instância psíquica autônoma a presidir nossos afetos com poder absoluto equivalente ao que as religiões monoteístas atribuem ao Criador, dando margem a que se ironizas-se seu caráter ubíquo e onipotente, como o fez Kanner (1961) ao cognominá-lo o Grande Deus Inconsciente, que tudo pode, tudo explica e que nos domina por inteiro.

Como vimos, o paradigma linear, padrão causa-efeito, era hegemônico no pensamento científico até meados do século XX. A ciência era fisicalista e cartesiana, e seu compromisso era estabelecido com a objetividade, e a subjetividade era território da filosofia, de acordo com a contraposição de Descartes entre a *res extensa* e a *res cogitans*. Dentro deste paradigma, Freud elaborou a teoria e o método psicanalíticos, sempre preocupado em dar-lhes foros de ciência de acordo com sua concepção na época, ou seja, conforme os axiomas do paradigma linear.

Há quem pense que Freud dispensou esforços demasiados em adequar a psicanálise aos dogmas científicos de sua época, sacrificando os propósitos hermenêuticos de sua teoria explicativa da mente e de um método de acessar os processos inconscientes que não só não se enquadravam nos parâmetros da ciência oficial como inauguravam uma inédita abordagem ao conhecimento científico de insuspeitados alcance e desdobramentos.

Com isso, Freud, no entender de muitos, não só limitou a transcendência da psicanálise como nova modalidade de investigar fenômenos sem a camisa de força dos cânones científicos então vigentes, como ainda enquadrou a psicanálise dentro desses cânones, tolhendo-lhe a liberdade de expandir-se e de fertilizar-se no âmbito do paradigma sistêmico emergente. Este, ao introduzir o padrão *feedback* ou recursivo, abria espaço para o reconhecimento da multicausalidade e da riqueza epistemológica aportada pelo compartilhamento dos conhecimentos humanos no exercício da interdisciplinaridade.

Do ponto de vista dos novos paradigmas, poderíamos considerar o inconsciente como uma metáfora do que desconhecemos nos processos mentais do ser humano. Sua origem não seria menos aleatória do que a do universo, conforme a ótica da teoria do caos, enquanto a complexidade dos fenômenos a que alude nos convidam a evitar o pensamento simplificador e reducionista com que, sob sua égide, tentamos enquadrar a vida psíquica e as relações humanas.

Com relação às práticas grupoterápicas, os novos paradigmas trouxeram uma mudança de foco do intrapsíquico para o interacional e, a par disto, a necessidade de incluir o terapeuta no sistema terapêutico. Com isso, relativiza-se seu papel de emissor de significados aos participantes do grupo e atribuindo-se uma função antes catalisadora do processo terapêutico do que indutora das mudanças que julgue importantes ou necessárias segundo sua visão hierarquizada pelos saberes que possua.

Os componentes de um grupo terapêutico passam, assim, a se constituir não mais em "pacientes", no sentido tradicional do termo, e sim em "agentes" de seu processo de auto-conhecimento e de busca de alívio dos padecimentos psíquicos que os trouxeram ao grupo. Na horizontalidade das intervenções surgidas sob a forma de retroalimentações e na circularidade proposta pelas técnicas oriundas do pensamento sistêmico, a transferência deixa de ter o papel central que possui na grupanálise. Isso, contudo, não a exclui como ferramenta para o entendimento do que se passa no processo grupoterápico, recordando-se sempre que é intrínseco aos novos paradigmas o pensamento includente ou conjuntivo, tanto na ordenação dos dados científicos como nas práxis a que dão origem.

Só podemos atribuir à fidelidade de muitos psicoterapeutas de grupo a suas raízes psicanalíticas sua paradoxal resistência em aceitar, na teoria assim como na prática clínica, as contribuições epistemológicas da teoria sistêmica e de sua correlata, a teoria da comunicação humana. Surpreende-nos, também, sua implícita negação ao reconhecimento de aportes que vieram modificar substancialmente a concepção do conhecimento científico na contemporaneidade, tais como a cibernética de segunda ordem, o construtivismo, a teoria do caos e da complexidade, e tantos mais.

A própria psicanálise, no campo dual de sua práxis clínica original, tem mostrado uma discreta, porém consistente, aceitação de que há algo mais do o que se passa no inconsciente do paciente no decorrer das sessões e que revela a evidência das retroalimentações de que nos fala a teoria sistêmica: o crescente reconhecimento e utilização nas interpretações dos sentimentos contratransferenciais comprovam que, mesmo sem abandonar o pressuposto linear do determinismo psíquico, a psicanálise aproxima-se dos postulados sistêmicos.

No que diz respeito às grupoterapias analíticas, a ênfase no elemento vincular e a visualização do processo grupoterápico como um encontro compartilhado de intersubjetividades são, por sua vez, um indício de que também em seu âmbito ecoam as alterações de enfoque já há muito preconizadas pela TFS. Não obstante, cremos que a mencionada fidelidade ao viés determinista da psicanálise continua obstaculizando uma maior assimilação e melhor aproveitamento na práxis clínica da contribuição inestimável dos novos paradigmas.

Justiça se faça às tentativas de alguns grupanalistas de encontrar um método teoricamente congruente e de comprovada eficácia clínica, quer buscando subsídios em outros referenciais epistemológicos, quer procurando valer-se da ênfase posta por certas correntes psicanalíticas em valorizar o intersubjetivo a par do intrapsíquico.

No âmbito latino-americano, é mister enfatizar-se a contribuição de Pichon-Rivière com sua teoria dos vínculos – ponto de partida para a corrente intitulada psicanálise das configurações vinculares, em franca expansão no movimento grupanalítico sul-americano, bem como com sua práxis com os grupos operativos, que estabeleceu um pioneiro e bem-sucedido viés interdisciplinar entre a psicanálise e a dinâmica de grupo.

A psicanálise das configurações vinculares constitui-se, em meu entender, em um louvável esforço dos grupanalistas argentinos no intuito de fazer o que os italianos chamariam o *aggiornamento* epistemológico da grupanálise. No entanto, penso que ainda fica aquém do que necessitamos para que tal atualização se efetive sem a visão reducionista de que padece. Para os autores desta corrente, a abordagem dos vínculos no contexto grupanalítico é antes monitorada pelos constructos passados destes vínculos (matrizes vinculares) do que pelo olhar prospectivo focado nas mudanças que vão ocorrendo na teia de relações e nos significados criados no contexto sistêmico do grupo terapêutico, em que prevalece o que terapeuta e pacientes "tecem juntos", no acontecer grupal.

A simplificação reducionista quer ver o grupo operando segundo as estruturas vinculares preestabelecidas e não flutuando ao sabor aleatório e caótico de uma construção imprevisível e complexa (lembrando que "complexo" significa "tecer juntos"), em que os vínculos se constituem em uma caleidoscópica e infinita trama de possibilidades. Enfim, parece-me que falta, aos grupanalistas das configurações vinculares, libertarem-se das amarras epistemológicas do paradigma linear para aportarem algo realmente inovador à teoria e à práxis grupal.

Mencionem-se ainda as já referidas discordâncias entre os psicanalistas das configurações vinculares sobre o lócus do vínculo, se está presente no mundo representacional de nossa intersubjetividade ou apenas quando consideramos a presença do outro no campo interpessoal. A discussão em torno da exteriorização ou não do vínculo em relação ao aparelho psíquico evidencia, por outro lado, que a referência continua sendo o intrapsíquico e não o interacional, que, na verdade, é o que define o grupo como entidade.

Entendemos que, a realidade psíquica não se estabelece na ausência do objeto externo, sem o qual apenas poderíamos cogitar sobre uma abstração criada no vácuo de experiências relacionais que não existiram e, portanto, não têm representação mental. Por sua vez, o objeto (outro) não é um mero receptor das identificações projetivas do sujeito, mas um ativo emissor de estímulos e de significados, que irão incidir sobre as fantasias inconscientes, os afetos e o comportamento relacional dele. Estes seriam os alicerces epistêmicos para sustentar a construção de uma teoria e de uma práxis grupais com objetivos terapêuticos.

12
Da grupanálise à grupoterapia transdisciplinar

É inegável que a psicanálise é a matriz dos sistemas psicoterápicos surgidos desde seu advento e podemos mesmo dizer que, direta ou indiretamente, por imitação, transformação ou antagonismo, dela se originaram todos os demais. Mas, como dizia Güntrip, um dos discípulos de Freud, "ao pioneiro cabe dar a primeira palavra, não a última".

Muitos questionamentos se fizeram tanto à teoria explicativa da mente quanto ao método terapêutico criado por Freud, a partir do próprio paradigma linear. E outros tantos se acrescentaram com o surgimento dos novos paradigmas. Mas como o pensamento novo-paradigmático é includente e não excludente, ele foi apropriando-se e das contribuições da psicanálise às terapias grupais qualificando-as, e procurando estabelecer um processo dialógico, de caráter eminentemente interdisciplinar, entre essas contribuições e as que vieram a lume desde então.

Como é da essência do pensamento sistêmico a ênfase na interdisciplinaridade, os múltiplos referenciais teórico-práticos não se excluem e podemos estabelecer interfaces entre eles. O território do paradigma sistêmico é o "e" e não o "ou" da busca das "verdades" lineares, em que a convivência entre hipóteses antagônicas não é viabilizada.

Pensamos que seja tarefa indispensável aos profissionais que trabalham com grupos terapêuticos nos dias atuais incorporar elementos do paradigma sistêmico – que por sua natureza é intrinsecamente "grupal" – e construir em sua prática um modelo que privilegie o diálogo entre aportes que se suplementam e ampliam o leque dos recursos terapêuticos disponibilizados aos que demandam ajuda psicoterápica.

A prática grupal sistêmica já conta com uma trajetória considerável na abordagem do grupo familiar, mas ainda engatinha na clínica dos grupos que, ao contrário dos familiares, não têm história compartilhada ou convivência prévia.

As grupoterapias de orientação psicanalítica devem seu relativo insucesso e declínio, em nosso entender, à falta de um esquema conceitual referencial operativo adequado para sustentar sua práxis. Com o advento do paradigma sistêmico, enseja-se a possibilidade de recontextualizarmos e dinamizarmos o espaço terapêutico grupal para projetarmos sua revitalização à luz deste novo referencial teórico.

Um grupo familiar que procurou a terapia tem uma história prévia compartilhada. Outros grupos, não. Mas eles também são constituídos a partir de uma gestação, a do terapeuta, que seleciona e agrupa os pacientes. Estes não se escolhem, como não se escolhe os irmãos em uma família. E aí está uma das riquezas de um processo terapêutico grupal: a construção de uma rede de relacionamentos semelhantes à do grupo familiar, em que possam ser elaborados conflitos nele não resolvidos e resgatados afetos reprimidos em um novo e "descontaminado" contexto. Com as narrativas compartilhadas, cada qual aprende com os outros a forma de lidar com situações malresolvidas pela ampliação do leque de possibilidades sugeridas. O compartilhamento de experiências, em um clima que convida à interação, é por si só o maior elemento psicoterápico, ao permitir a emergência de alternativas para instrumentar o manejo das situações conflitivas da vida cotidiana. São as diferentes visões e formas de abordar o que nos angustia ou perturba, que vão estabelecendo uma trama de significados e abrindo o leque de opções comportamentais que possibilitem mitigar o sofrimento existencial de cada um.

Não há dúvida de que a pauta interativa inerente ao paradigma sistêmico contribuiu, sobremaneira, para as práticas psicoterápicas grupais. O grupo deve ser um grande espaço de conversas que levam à consecução do que o termo etimologicamente sugere: *cum* – juntos; *versare* – mudar. São transformações que os pacientes farão em suas vidas no cadinho solidário de um grupo de iguais nos anseios e propósitos que os animaram na busca da terapia grupal. O exercício da convivência e a prática do compartilhamento de experiências em um ambiente que enseja a reflexão compreensiva são ingredientes indispensáveis ao campo grupal terapêutico, e proporcioná-los talvez seja o maior compromisso do grupoterapeuta sistêmico em seu ofício.

Ao contrário do que se acreditava na prática grupoterápica de orientação psicanalítica, quando surgiu em nosso meio nos anos de 1950 e 1960, os encontros dos participantes fora do grupo não são ocasiões que induzem a atuações nocivas e que devem ser desestimuladas pelo terapeuta. Antes oportunidades para que, no grande laboratório das relações humanas em suas práticas sociais, exercite-se a convivência e consolidem-se laços solidários e afetivos singulares, que permanecem como referência do reconhecimento mútuo, o que contribui para a elevação e manutenção da auto-estima dos membros do grupo, na medida em que sentimentos emergentes em tais encontros possam ser trazidos à reflexão no contexto das sessões subseqüentes.

Os vínculos criados entre os participantes de um grupo terapêutico são muito peculiares, e a intimidade compartilhada no contexto do processo grupal permanece para a vida toda como referência de como podemos participar na construção de uma rede relacional capaz de dar continência a nossos projetos existenciais. Segundo o testemunho de muitos pacientes que participaram de um processo terapêutico grupal, ao se reencontrarem com antigos companheiros (não por mero acaso muitos se designam como "irmãos de grupo"), mesmo depois de intervalos de vários anos, perdura um sentimento de familiaridade e de intimidade que não ocorre entre colegas ou amigos nas mesmas condições.

A interdisciplinaridade preconizada pelos novos paradigmas pode encontrar sua expressão na prática psicoterápica no contexto de grupos abordados segundo os vértices compartilhados da psicanálise, do psicodrama e das teorias sistêmica e da comunicação humana, em que as interações grupais estimuladas pelas vivências psicodramáticas possam ser compreendidas à luz das motivações inconscientes das ações humanas sob a ótica psicanalítica. Isso não exclui interfaces com outros tantos referenciais mencionados, tais como as abordagens behavioristas, gestálticas ou existencial-humanísticas.

A postura interdisciplinar convida a uma abertura aos outros saberes, com os quais estamos a caminho de um modelo transdisciplinar de abordagem grupoterápica, que incorpore os modos de olhar e fazer de múltiplas práxis. O reducionismo simplificador do paradigma linear dá passagem à complexidade novo-paradigmática que implica, no "tecer juntos", tem terapeutas de distinta procedência e pacientes com diferentes necessidades.

Para concluir, a exemplo da representação gráfica das vertentes de abordagens grupoterápicas oriundas do paradigma linear apresentadas anteriormente, vamos aqui reproduzir o que seria a correspondente ao que denominaríamos grupoterapia transdisciplinar, expressão novo-paradigmática do modo de entender e atender grupos:

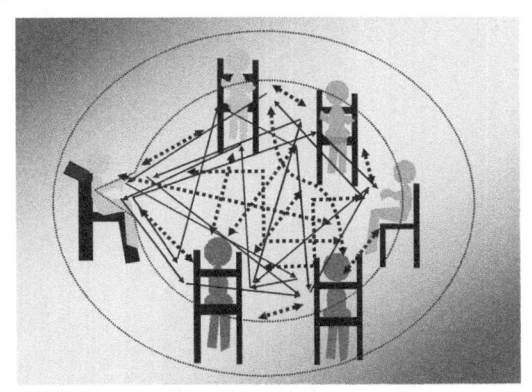

Figura 12.1 Grupoterapia transdisciplinar.

PARTE III

Revisitando questões da prática grupal

13
Clínica grupal

CLASSIFICAÇÃO DOS GRUPOS TERAPÊUTICOS

Os grupos terapêuticos, quanto a sua constituição, podem ser classificados em homogêneos e heterogêneos. A homogeneidade ou heterogeneidade de um grupo, por sua vez, pode ser determinada por vários elementos de sua constituição: a população-alvo a que se destina, o sexo ou a idade de seus componentes e a condição mórbida de seus membros.

A história dos grupos terapêuticos iniciou-se, conforme mencionamos no Capítulo 1, por um grupo homogêneo quanto à condição mórbida de seus componentes a tuberculose. Já os grupos analiticamente orientados, hegemônicos nas primeiras décadas do século passado, eram heterogêneos quanto à sintomatologia neurótica apresentada por seus componentes, embora pudessem conservar certa homogeneidade quanto à faixa etária destes.

Na prática, consideram-se grupos homogêneos aqueles que privilegiam a homogeneidade com relação a determinado aspecto em função dos objetivos a que se destinam. Por exemplo, são homogêneos os de crianças, de adolescentes ou de idosos (faixa etária), independentemente da condição mórbida de seus elementos constituintes. Igualmente estão nesta categoria os grupo de indivíduos com sofrimento compartilhado, tais como diabéticos, obesos, asmáticos, depressivos, drogaditos, portadores de deficiências físicas, colostomizados, mastectomizadas e demais pacientes de uma lista quase interminável de situações, cujo atendimento em grupo tem revelado significativos resultados no alívio de seus padecimentos.

E a família seria um grupo homogêneo ou heterogêneo? Nem uma coisa nem outra. É necessário um diferente critério para defini-la quanto a sua constituição enquanto grupo. Alguns autores a designam como grupo natural, para diferenciá-la dos demais grupos considerados, então, como artificiais, por não existirem *a priori* da intervenção terapêutica e ser constituídos em função dela. Essas denominações, contudo, não me parecem adequadas; prefiro designar a família como um grupo com história ou convivência prévia, que é o que a distingue dos demais, cuja história como grupo e a convivência entre seus membros começa ao se iniciar o processo grupoterápico.

Em resumo, poderíamos classificar os grupos, quanto a sua constituição em homogêneos e heterogêneos ou em grupo com história prévia e grupos sem história prévia:

ou
$\begin{bmatrix} \text{Homogêneos} \\ \text{Heterogêneos} \end{bmatrix}$

$\begin{bmatrix} \text{Grupos com história prévia} \\ \text{Grupos sem história prévia} \end{bmatrix}$

Os grupos ainda podem ser classificados em abertos e fechados, conforme aceitem ou não o ingresso de novos membros após seu início. Por sua própria natureza, os grupos abertos são de tempo ilimitado e os fechados costumam ser de duração previsível, embora não necessariamente.

SEMELHANÇAS E DIFERENÇAS NA ABORDAGEM TERAPÊUTICA DE GRUPOS DISTINTOS

Como já referido em outra obra (Osorio, 2000), os fenômenos do campo grupal são ubíquos e comparecem em qualquer grupo, terapêutico ou não, e independentemente de quem é o terapeuta ou de quem são os pacientes. A constituição de um grupo homogêneo quanto à condição mórbida de seus membros poderá oferecer outro fator de similaridade com relação à emergência das queixas ou dos conflitos vinculados a esta condição. As demais semelhanças que possam existir entre os distintos grupos terapêuticos atendidos por um mesmo terapeuta residem no referencial teórico-técnico que emprega.

Assim, um grupo de pacientes obesos, se for atendido por terapeutas com referenciais teórico-técnicos diferentes, apresentará semelhanças quanto à ocorrência dos fenômenos grupais e sofrimentos compartilhados por seus membros, mas diferirá no andamento do processo grupal e nas intervenções terapêuticas propostas.

Um grupo de pacientes diabéticos e outro de pacientes portadores de deficiências físicas se diferenciarão significativamente quanto ao caráter do sofrimento que trarão para discussão no grupo, mas poderão ser similares quanto à forma de abordagem proposta por um mesmo terapeuta, além de manifestarem idênticos fenômenos do campo grupal, sejam esses identificados pelo terapeuta e objeto de suas intervenções ou não.

Respondendo às inquietudes de muitos neófitos em busca de bibliografia especializada sobre o atendimento de uma crescente gama de grupos homogêneos quanto ao sofrimento compartilhado para os quais são propostas abordagens grupoterápicas, queremos enfatizar que, na essência, as diferenças não estão na forma de abordar tais grupos e sim nos quadros clínicos que seus participantes apresentam. No entanto, quem se propõe a tratar, por exemplo, grupos de epiléticos ou de hipertensos, além de dispor de um referencial teórico-técnico para a abordagem grupal em geral, precisa conhecer as peculiaridades da patogenia destes distintos quadros mórbidos.

Em outras palavras, não há uma especificidade, dentro da abordagem empregada por determinado grupoterapeuta, para cada tipo de paciente ou de situação clínica que se apresente. As diferenças estão nas vivências e nos sofrimentos determinados pela condição mórbida que determinou a escolha do agrupamento homogêneo.

Por outro lado, reunir pacientes com um sofrimento similar compartilhado pode ser altamente favorável ao estabelecimento de um processo terapêutico pela identificação imediata de uns membros com outros do grupo. Ao longo do tempo, porém, a homogeneidade pode funcionar como um fator de incremento da discriminação a que são submetidos e a que se submetem aqueles que se sentem diferentes e inferiorizados socialmente pelos problemas que apresentam. Por isso, recomendo aos grupoterapeutas que têm a seus cuidados grupos com tais características que procurem diversificá-los em fases posteriores do atendimento, de tal maneira que seus participantes possam conviver "terapeuticamente" com quem não pertença exclusivamente ao que determinado paciente cognominou sua "tribo patológica".

COMO FORMAR UM GRUPO TERAPÊUTICO: SELEÇÃO E AGRUPAMENTO, INDICAÇÕES E CONTRA-INDICAÇÕES

A formação de um grupo terapêutico se fará a partir de três elementos: a constituição do grupo, conforme as modalidades apresentadas no item anterior; o marco referencial teórico-técnico do grupoterapeuta, as idiossincrasias pessoais deste, ou seja, suas preferências por trabalhar com grupos de determinada faixa etária, composição psicopatológica ou que se vinculem à sua experiência anterior como terapeuta individual.

Tomamos aqui os termos "seleção" e "agrupamento" no sentido que lhes foi conferido por Zimmermann (1969):

> a seleção consiste em investigar as características de um paciente a fim de verificar a indicação ou não de psicoterapia de grupo, enquanto por agrupamento deve-se entender a eleição adequada do paciente já selecionado para determinado grupo terapêutico.

Obviamente a seleção e o agrupamento diferirão conforme se trate de um grupo homogêneo ou heterogêneo. Para o segundo grupo a complexidade da tarefa de selecionar e agrupar será maior, pois é justamente na eleição da diversidade esperada e desejada que reside a funcionalidade operativa do grupo. Tem-se como regra que, quanto maior for a diversidade, tanto maiores serão as dificuldades iniciais para se obter uma fluidez do processo grupal e a integração dos participantes, mas correspondentemente tanto maiores serão os benefícios terapêuticos colhidos ao longo da evolução do grupo.

Embora se credite freqüentemente o sucesso ou o fracasso de um grupo terapêutico aos critérios vigentes na seleção de pacientes, a verdade é que ainda dispomos de escassas coordenadas para nos guiar no procedimento preliminar ao início do processo grupal propriamente dito. O critério predominante parece ser, por enquanto, o contratransferencial, de bases antes intuitivas que científicas, e que foi glosado no jocoso aforismo de Anthony já mencionado: "cada terapeuta tem o grupo que merece". Claro está que o próprio critério contratransferencial apóia-se em elementos diagnósticos e, sobretudo, prognósticos, incorporados à nossa experiência pregressa como grupoterapeutas.

Outros elementos não menos significativos para a seleção adequada são o modo como se processa o contato inicial do candidato à grupoterapia, as motivações e as justificativas que apresenta para tratar-se em grupo; a avaliação de sua receptividade ao convívio e à intimidade com outros participantes; e, finalmente, aquilo que, à falta de uma melhor denominação, poderíamos chamar sua teoria sobre o que está determinando a busca por ajuda psicoterápica e a fantasia que tem sobre como obterá essa ajuda por meio do grupo.

Quanto ao agrupamento, quando se tratar de um grupo já em andamento, contamos com o expediente de imaginar como aquele determinado paciente que selecionamos poderá se situar no contexto dos demais participantes do grupo, o que é uma vantagem considerável em relação ao agrupamento feito por ocasião de um grupo a se iniciar.

As indicações e as contra-indicações também estarão diretamente relacionadas com a modalidade de grupo em questão. Há que se dizer, contudo, que existem certas contra-indicações universais para o atendimento em grupo: pacientes com alto potencial paranóide, hipomaníacos ou monopolizadores, com acentuados transtornos de conduta, portadores de deficiências mentais ou em estados de desagregação mental de diferentes origens estão entre aqueles que não obtêm proveitos das abordagens grupais e as obstaculizam e impedem que outros delas se beneficiem.

AS REGRAS DO JOGO TERAPÊUTICO: O *SETTING* GRUPAL

Estabelecer o *setting* ou enquadre grupal consiste na constituição de um ambiente normativo (continente) onde se desenvolverá o processo grupal (conteúdo). Ele inclui desde o espaço físico em que as sessões transcorrerão até as combinações prévias sobre horários, freqüência e duração das mesmas, além da própria composição do grupo. É como se fosse a formatação que nos permite a redação de um texto em um computador.

Já no estabelecimento do *setting* vamos ter configuradas as distinções entre as várias modalidades grupoterápicas: no psicodrama, o espaço cênico exigido para a realização das sessões é bem distinto da habitual composição de cadeiras em círculo para uma sessão de grupoterapia analítica; uma sessão de grupo com crianças exigirá a utilização de material lúdico, enquanto um grupo de psicoprofilaxia cirúrgica terá que ocorrer em um ambiente hospitalar.

O *setting* grupal, com todo o conjunto de procedimentos e normas que o constituem, poderá se tornar em um elemento antes bloqueador que facilitador do processo grupal. Winnicott (1982) observava, referindo-se às exigências do *setting* analítico convencional, que

> o paradoxo do *setting* analítico é que oferecemos ao paciente tempo, espaço e oportunidade para se expressarem na linguagem em que são capazes de fazê-lo, mas ao mesmo tempo exigimos submissão ao regime rigidamente organizado de nossas técnicas de falar conosco em uma forma que está muito acima de seus recursos e aptidões.

É conveniente que todas as regras não explicitadas no contrato com os pacientes ao início do processo grupal sejam objeto de discussão e de busca de consenso com o próprio grupo no transcurso do referido processo. Por outro lado, as regras explicitadas por ocasião do contrato devem ser justificadas e suficientemente flexíveis para que não prejudiquem a interação dos membros do grupo e destes com o terapeuta. Seria ainda aconselhável que tais regras se limitassem ao estabelecimento do que seja indispensável ao balizamento do processo grupoterápico, confiando em que o próprio grupo deva ter, com seu posterior desenvolvimento, condições de repensá-las e eventualmente de modificá-las em consonância com os propósitos da terapia e com o respeito recíproco entre todos os seus participantes. Assim, por exemplo, se cabe ao terapeuta fixar seus honorários profissionais e reajustá-los dentro de critérios que por si só possam ser avaliados e aceitos pelo grupo, ao grupo caberá eventualmente, com a anuência do terapeuta, a decisão quanto à modificação de horários que se tornem incompatíveis com a presença da maioria dos participantes (como não raro ocorre com grupos de adolescentes quando ingressam na universidade).

Com relação ao sigilo do material trazido ao grupo, não é certo que sua explicitação prévia possa resultar em maior comprometimento do grupo em cumpri-lo; nada é tão eficaz para efetivá-lo como uma regra a ser obedecida que a própria circunstância de estarem todos expostos aos mesmos inconvenientes com seu eventual descumprimento. Se apesar dessa reciprocidade dos efeitos, alguém vier a quebrar tal norma, o próprio grupo trata de eliminar o infrator, com a devida concordância do terapeuta, não sem que este antes procure analisar com o grupo as circunstâncias e as motivações para tal deslize.

Em resumo, se as regras e leis são feitas para ser cumpridas, sabemos que na prática a sua simples existência é estímulo suficiente para que muitos as queiram ver desobedecidas. Neste contexto, colocaria a proibição de que os membros de um grupo terapêutico tenham no seu decurso, relações amorosas ou sexuais.

Poucas e bem fundamentadas regras são mais facilmente aceitas e cumpridas que muitas regras geralmente unilaterais como as que vemos freqüentemente circularem nos contratos terapêuticos. Um consultório psicoterápico não é uma instância legislativa e muito menos um tribunal; mantenhamo-lo, pois, como um reduto da confiabilidade e da crença na dignidade humana, sem o que nossa tarefa carece de sentido e eficácia.

O PROCESSO GRUPAL

O processo grupal, ou andamento terapêutico do grupo, difere quanto ao seu referencial teórico. Assim, em uma grupoterapia analítica, o marca-passo do processo é a atividade interpretativa do grupanalista visando tornar consciente o material inconsciente veiculado pelas manifestações verbais ou paraverbais dos membros do grupo. Em uma terapia familiar sistêmica, o foco são as interações grupais, e as intervenções do terapeuta visam, sobretudo a agir sobre as estereotipias presentes nas interações e catalisar as mudanças necessárias para a criação de novas pautas inter-relacionais entre os componentes.

Há um aspecto que me parece prevalente no processo grupal tanto de uma grupanálise como em uma abordagem psicodramática ou em uma terapia familiar sistêmica, evidenciando ser esta uma peculiaridade do contexto das terapias em grupo. Trata-se da circunstância de que, ao contrário do que ocorre, por exemplo, em um processo psicanalítico ou psicoterápico individual, não é o passado e sim o presente e o futuro que monitoram o processo grupal. Como bem o explicita a grupanalista portuguesa Maria Rita Leal (1997),

> percebe-se (no processo grupal) que os relatos estão muitas vezes mais orientados para o presente e para o futuro do que para o passado, uma vez que a múltipla referenciação das experiências relatadas leva à partilha de projetos pessoais e mobiliza sentimentos de destino pessoal. O grupo só de vez em quando tem ocasião para se ocupar da restituição de uma história pessoal ou da reconstrução do passado individual.

Outro fator determinante das diferenças nos delineamentos do processo grupal está no fato de os grupos serem abertos (ou de tempo ilimitado) ou fechados (ou de tempo limitado). Como, nesses últimos, tanto sua constituição quanto duração são predeterminadas, ou seja, não ingressam novos membros no decorrer do processo e este tem um prazo fixo para extinguir-se, há uma tendência que o grupo funcione "focado" em determinados tópicos ou elementos conflitivos comuns a seus componentes. Os grupos fechados, como o sabemos, são mais freqüentes em instituições (como uma forma de corresponder à demanda, possibilitando que mais pacientes possam ser atendidos em determinado período de tempo) e no atendimento a pacientes homogêneos. Em ambas circunstâncias o caráter focal ou de terapia breve faz com que o processo funcione em um modelo que chamaríamos em funil, para diferenciar do modelo em leque, característico do processo grupal nos grupos abertos.

A COMUNICAÇÃO NAS GRUPOTERAPIAS

Grande parte do sofrimento humano no convívio grupal radica-se no problema dos mal-entendidos. E na perspectiva psicanalítica, decorrem, sobretudo, do jogo de projeções e distorções por sentimentos preexistentes nas inter-relações humanas. Assim, mal posso entender o que me está sendo comunicado pelo interlocutor por atribuir a ele determinadas intenções a partir de meu relacionamento prévio com ele. Aí entram em questão não só a realidade fática de suas atitudes anteriores para comigo como minhas fantasias pessoais do que ele sente e pensa em relação a mim, com a cota de projeções de meus próprios sentimentos em relação a ele. Em resumo, o campo comunicacional está minado de emoções que interferem e distorcem o conteúdo do que se quer ou que se está a comunicar. É o que metaforicamente se designa como ruídos na comunicação.

Poderíamos dizer – e não me parece que seja exagero – que toda a eficácia de um processo psicoterápico, seja ele individual ou de grupo, se apóia no estabelecimento de um processo comunicacional operativo entre terapeuta e paciente. A via natural para o exame e para a correção do comprometimento que este processo possa sofrer é sem dúvida a transferência. Porém, como a ênfase de sua utilização no método psicanalítico é na compreensão do que se passa no mundo interno dos pacientes, ou seja, na abordagem dos fenômenos intrapsíquicos, penso que muito se perde na observação das vicissitudes comunicacionais no nível interativo; estas se tornam particularmente evidenciáveis no contexto pluritransferencial da situação terapêutica grupal e em sua leitura sistêmica.

O paradigma circular, que indubitavelmente veio acrescentar qualidade e potenciais aos processos psicoterápicos com a noção de *feedback* ou retroalimentação emocional, teve, como vimos, como um dos elementos axiais de sua sustentação epistemológica os estudos e achados na área dos fenômenos comunicacionais.

Lembremos de passagem que *comunicação* etimologicamente vem do latim *communicare,* significando "ter algo em comum, repartir, compartilhar", que posteriormente deu origem a "estar em contato ou relação com alguém". Portanto, a boa comunicação pressupõe ter algo em comum com alguém ou ter a predisposição ao compartilhamento do que possuímos. No entanto, como insinua o mito da torre de Babel ("Deus puniu o orgulho e a ambição dos filhos de Noé confundindo-lhes a linguagem"), a soberba, o desejo de poder e a rivalidade entre os humanos solapam sua possibilidade de comunicar-se. Conquanto a intenção seja fazê-lo, as motivações inconscientes para boicotar o acesso do interlocutor, por exemplo, à informação que possuímos faz com que esta lhe chegue de tal forma distorcida que muitas vezes o confunde em lugar de esclarecê-lo. Aí se instalam os mal-entendidos.

Quem reparte ou compartilha, entrega-se. Comunicar-se autêntica e eficazmente representa, portanto, uma entrega, uma doação não só de significados como de si próprio. Isso pressupõe a confiabilidade no interlocutor, o que, nas circunstâncias das grupoterapias, implica não só em confiar no terapeuta, mas nos demais participantes. O tema da confiabilidade intragrupal tangencia com o do sigilo, do qual já nos ocupamos.

O campo grupal é um espaço privilegiado para retificar mal-entendidos por meio do reiterado trabalho em cima das dissimulações na comunicação verbal e na identificação de quando as palavras expressam algo distinto dos sentimentos a elas subjacentes. Mas para tanto é mister ir além do registro das motivações inconscientes que permeiam tais distorções na comunicação.

A teoria psicanalítica, monádica e linear, alicerçada na noção fisicalista dos mecanismos de causa e efeito e que redundaram no referencial heurístico do determinismo psíquico, pouco contribuiu para o exame e para uma melhor aproximação dos fenômenos comunicacionais incidentes no decorrer de um processo psicoterápico. Foi com o advento da teoria sistêmica, diádica e circular, alicerçada na noção de *feedback* ou retroalimentação, que a fenomenologia comunicacional passou a ser melhor compreendida e, por conseguinte, melhor trabalhada no contexto psicoterápico, com consideráveis proveitos, sobretudo nas grupoterapias, por óbvias razões.

Liberman (2000), um psicanalista latino-americano que se interessou, em particular, pelo estudo da comunicação em psicanálise, afirmava textualmente: "na época atual o modelo mental que corresponde mais adequadamente à disciplina psicanalítica pode ser extraído de uma disciplina totalmente alheia ao campo da tarefa do psicanalista: refiro-me a teoria da comunicação".

Entre as peculiaridades da comunicação no processo grupal se sobressai a importância que nela adquirem os aspectos não verbais, tais como gestos, olhares, mímicas, espaços determinados entre os participantes e o terapeuta, atitudes corporais e outros elementos que pertencem ao que os semiologistas chamam de códigos prosódicos, cinésicos e proxêmicos da linguagem. Todo este complexo comunicacional se insere no que denominamos o clima grupal, objeto de nosso próximo tópico.

O CLIMA GRUPAL

Cada vez mais me parece que o vetor terapêutico primordial de uma grupoterapia, independente do referencial teórico em que se sustenta, é o estabelecimento de uma atmosfera ou clima grupal propício à manifestação mais livre, espontânea e autêntica possível dos sentimentos que transitam entre os membros do grupo, e à expressão do material associativo vinculado a suas experiências prévias e atuais. A manutenção da espontaneidade do grupo (e aqui incluo também a do terapeuta) é elemento essencial para a criação de um clima adequado para o fluir de um processo grupoterápico que se evidencie proveitoso para todos.

É responsabilidade do terapeuta a criação e manutenção deste clima, e sua densidade como elemento psicoterápico dependerá, sobretudo, da atitude do terapeuta. Esta atitude radica-se em sua integridade pessoal, na maneira como sabe manter-se coerente, em sua disposição empática para com o sofrimento alheio, e, no prazer com que executa sua tarefa.

AS INTERVENÇÕES DO TERAPEUTA

As intervenções do terapeuta durante o processo grupal dependem obviamente do referencial teórico-técnico em que sustenta sua práxis clínica. Assim, os psicanalistas privilegiam as interpretações dirigidas aos sentimentos transferenciais que circulam no grupo e aos conteúdos inconscientes que emergem do material aportado pelos componentes do grupo. Os psicodramatistas morenianos focam sua ação terapêutica no viés catártico das dramatizações e do jogo de papéis nelas ocorridos. Os terapeutas familiares sistêmicos, no propiciar mudanças nas interações entre os membros da família e na correção dos mal-entendidos criados pelas vicissitudes comunicacionais. Os behavioristas, na prescrição de novas atitudes e comportamentos aos membros do grupo, e assim por diante.

Há, no entanto, um fator terapêutico presente e subjacente a qualquer tipo de intervenção do grupoterapeuta e que é proporcionado pela inter-relação estabelecida entre ele e os componentes do grupo e desses entre si. O vínculo transpessoal permanece como o agente terapêutico primordial em qualquer forma de psicoterapia. Sem ele, ou quando ele está por qualquer razão bloqueado, as intervenções, por mais adequadas e corretas que sejam do ponto de vista da teoria em pauta, serão terapeuticamente ineficientes.

PARTE IV

Modalidades de atendimento grupal

Preâmbulo que se faz necessário

Nesta parte abordaremos aquelas modalidades de atendimento prevalentes em nossa práxis grupoterápica. Como essa abordagem será feita a partir da experiência com os marcos referenciais teórico-práticos com os quais o autor foi se familiarizando ao longo de quatro décadas de trabalho com grupos, necessariamente não abrangerá todo o universo dessas modalidades.

Optou-se aqui por discorrer sobre tais práticas segundo uma maneira singular de trabalhar com elas, que, embora não pretenda ser original, traz inequivocamente a marca pessoal do autor na forma de entender e atender grupos, refletindo muitas vezes o que se poderia denominar, mais que seu estilo próprio, um posicionamento ideológico. Por isso também não apresentaremos referências. Quando muito, faremos no próprio texto alusão a autores e a suas idéias quando essas estejam significativamente interagindo com nossa proposta de trabalhar com grupos.

Ainda que a pré-história da grupoterapia registre um grupo homogêneo (grupo com pacientes tuberculosos atendido por Pratt) como o precursor dos demais, pensamos, como Yalom, que os grupos heterogêneos podem ser considerados os grupos protótipicos, dos quais derivam-se todos os demais grupos terapêuticos. Tais grupos são aqueles que se reúnem por um período de tempo de meses a anos, constituídos de pacientes de variada sintomatologia, distintos traços de personalidade e múltiplos problemas como determinantes da procura por ajuda psicoterápica.

Acionados não só por fatores econômicos (como sugere Yalom), mas por mecanismos identificatórios que predispõem à abordagem grupal, temos assistido a um verdadeiro *boom* dos grupos homogêneos, ou seja, aqueles que são constituídos em torno de determinado fator agregador, tais como faixa etária (adolescentes, idosos), circunstâncias vinculadas ao ciclo vital (casais, gestantes, filhos adotivos) ou sofrimento compartilhado (obesos, pessoas com transtorno de pânico, diabéticos, mastectomizadas, com transtornos psicossomáticos, pacientes terminais, paraplégicos, cardíacos, vítimas de abuso sexual, drogaditos, enfim, uma lista crescente e multifacética de situações que se consideram capazes de obter benefícios com as abordagens grupoterápicas).

Os grupos com casais e famílias, pela importância assumida na prática grupoterápica desde os novos paradigmas, sobre os quais estivemos a discorrer no bloco que lhes corresponde, mereceram um capítulo à parte em que os consideramos sem o aprisionamento de camisas de força teórico-técnicas e segundo uma práxis construída, sobretudo, a partir da experiência clínica prévia do autor.

No capítulo relativo aos cuidados com os cuidadores, a metodologia foi desenvolvida inteiramente pelo autor a partir de suas vivências com tais demandas desde a década de 1970, utilizando-se obviamente dos recursos de abordagens grupais preexistentes.

Os laboratórios de relações interpessoais situam-se, como os cuidados com os cuidadores, na fronteira entre práticas com objetivos terapêuticos e pedagógicos, mas, como o quer Pichon-Rivière quando da conceituação dos grupos operativos, esta distinção na prática se dissolve de tal maneira que não há como discriminá-las precisamente.

Na descrição das modalidades aqui abordadas, tomou-se a liberdade de expô-las segundo uma visão muito particular, de tal sorte que é mister que se diga não corresponder muitas vezes ao que a literatura especializada apresenta como cânones a ser seguidos; até porque somos avessos à que se utilizem teorias e técnicas como leitos de Procusto onde se restrinjam e aprisionem a criatividade de cada grupoterapeuta, o que por outro lado não significa que prescindamos delas como indispensáveis balizadores de nossa atividade profissional.

Coerentemente com o afirmado, queremos alertar os leitores de que este não é um *vade-mécum* sobre as modalidades mencionadas, mas tão somente mais um aporte ao vasto espectro de possibilidades de abordá-las. Move-nos apenas o propósito de contribuir para mitigar sua curiosidade e atender a demanda de informações, face à ainda escassa bibliografia existente em nosso meio, sobre como trabalhar com grupos.

14
Grupos heterogêneos e homogêneos

GRUPOS HETEROGÊNEOS

No auge do trabalho com grupos analiticamente orientados entre as décadas de 1950 e 1970, a noção de heterogeneidade era dada pela diversificação dos elementos psicopatológicos apresentados pelos participantes do grupo. Dizia-se que quanto maior fosse o espectro da sintomatologia e dos traços de caráter dos pacientes mais adequada era a composição do grupo. Assim, procurava-se evitar que em um mesmo grupo houvesse dois ou mais pacientes com um mesmo quadro depressivo, fóbico ou obsessivo-compulsivo. Da mesma maneira, entendia-se que as indicações e contra-indicações para um atendimento grupoterápico não diferia das referidas para uma psicoterapia individual psicanalítica, ou seja, neuróticos em geral eram considerados aceitáveis para compor um grupo, mas pacientes com traços marcadamente paranóides, esquizóides, maníacos ou com sérios transtornos de conduta eram rejeitados. Da mesma forma, pacientes psicóticos não eram selecionados, mesmo fora de surtos, por se enquadrarem na categoria dos incapazes de estabelecer transferências e de obter *insight* das motivações inconscientes de seus atos. Enfim, os critérios continuavam circunscritos aos da psicanálise como método psicoterápico.

Sendo assim, o *setting* para o atendimento desses grupos era fortemente influenciado pelos padrões do *setting* analítico, como as correspondentes adaptações feitas para as psicoterapias individuais de base psicanalítica: duas sessões semanais, com duração aproximada de uma hora.

Paulatinamente, a experiência com os grupos heterogêneos, mesmo sob a égide do pensamento psicanalítico, apresentou variações: procurava-se certa homogeneidade quanto à faixa etária, no pressuposto de que isso facilitaria a integração dos grupos, e flexibilizaram-se a freqüência e a duração das sessões: alguns grupoterapeutas passaram a trabalhar com uma sessão semanal, de maior duração, chegando a uma hora e meia ou até duas horas.

Quanto à técnica, como vimos no capítulo inicial, preconizava-se a extrapolação da abordagem individual para o contexto grupal. Assim, as interpretações eram dirigidas ao grupo como um todo, como se ele fosse um ente indissociável em seus membros. Essa forma de trabalhar com grupos me parecia paradoxal em se tratando de adolescentes, levando-se em conta que a sua tarefa básica, do ponto de vista de sua evolução psicológica, é ultimar o processo de separação/individuação e adquirir sua identidade adulta, para o que necessita dessimbiotizar-se dos demais, sejam seus familiares ou seu grupo de iguais.

A segunda geração de grupoterapeutas do cone sul-americano, da qual faço parte, oscilava entre adaptar seu trabalho com grupos aos cânones da psicanálise, de onde quase todos eram provindos, ou ensaiar novos passos na busca de um modelo próprio para a abordagem grupal, correndo o risco de ser tomados como subversivos ou hereges, se já não o fossem por praticar o método psicanalítico fora da proposta original de que se processasse na relação dual analista-analisando.

Com o surgimento de outros marcos referenciais que não a psicanálise, os grupos heterogêneos deixaram de se definir pelo perfil caracterológico e pela tipologia psicopatológica de seus membros, ou pela potencial "competência" deles em adquirir *insight* por meio do foco nas interpretações transferenciais proposto pela técnica psicanalítica, para cada vez mais se libertarem de rígidos padrões na sua constituição.

A experimentação passou a dar a pauta no atendimento desses grupos, mormente depois da entrada em cena da visão novo-paradigmática. Alguns mais timidamente, outros mais ousadamente, estabelecemos mudanças significativas tanto na constituição dos grupos como na técnica grupoterápica.

Nos primeiros 20 anos de prática com grupos terapêuticos, ainda sob a influência marcante do modelo psicanalítico, atendi grupos heterogêneos quanto ao diagnóstico psicopatológico, mas homogêneos quanto à faixa etária em que se situavam. Em fins da década de 1980, passei a mesclar pacientes de distintas idades com evidentes benefícios para a equiparação do que se passava nos grupos com a realidade vivencial desses pacientes nos seus núcleos sociofamiliares. Assim como não via sentido em atender grupos só de homens ou só de mulheres (como faziam certos grupoterapeutas que trabalhavam com grupos heterogêneos quanto ao diagnóstico), já que ambos os gêneros estão representados no contexto social em que vivemos, também me parecia aberrante separar por idades os pacientes de um grupo voltado à heterogeneidade.

A primeira tentativa feita foi com ocupar duas vagas disponibilizadas em um grupo aberto de pacientes adolescentes tardios (ou adultos jovens), entre

20 e 25 anos, com um senhor viúvo de 55 anos, cujo filho ainda vivia com ele, e uma senhora divorciada com um filho já casado e duas filhas que moravam com ela. A interação desses adultos de meia-idade com outros jovens que não seus filhos e dos demais participantes do grupo com pessoas da geração de seus pais mostrou-se extremamente produtiva para a compreensão recíproca das vicissitudes de cada momento do ciclo vital e para a superação, por ambas as partes, de preconceitos em relação a cada faixa etária. Alimentados pelo estímulo dos jovens, esses dois adultos, já desistentes de fazer novos projetos de vida e apenas tratando da manutenção do que haviam conquistado, profissional e afetivamente, até o momento, retomaram seus sonhos e desejos não satisfeitos, tratando de realizá-los. Em contrapartida, os jovens do grupo evidenciaram significativas melhoras no relacionamento com seus pais, a partir do exercício que fizeram de se pôr no lugar dos mais velhos, com a entrada dos dois pacientes mencionados.

Por outro lado, de uma atividade interpretativa focada predominantemente nos aspectos transferenciais trazidos ao grupo, passei a uma atitude menos intervencionista e mais catalisadora das interações e comunicações dos pacientes entre si, como se pode observar na comparação entre as duas vinhetas clínicas referidas a seguir. Ambos os grupos apresentados são homogêneos quanto à faixa etária, mas heterogêneos quanto aos demais critérios.

Situação I (ênfase na interpretação transferencial – viés psicanalítico)

Fábio é um adolescente impulsivo que encarna bem o paradoxal mote da canção: "aja duas vezes antes de pensar". Sua dificuldade básica atual é negligenciar compromissos. Seu funcionamento no grupo caracteriza-se por repetidos *actings* e o uso defensivo de um *insight* intelectual para se evadir de suas responsabilidades afetivas.

Reinaldo tem sido criticado por outros membros do grupo pelo tom excessivamente pueril e inconseqüente de suas intervenções. Sua maturidade emocional não acompanha seu desenvolvimento intelectual. Relaciona-se de modo superficial e inconstante com namoradas e amigos.

Aldo tem um temperamento introspectivo, com inúmeras dificuldades na comunicação e no relacionamento com todos. Suas intervenções caracterizam-se pelo tom auto-acusatório e um oceânico sentimento de inferioridade em relação aos demais.

A sessão se aproxima de seu final, e Reinaldo lidera uma avaliação de comportamento do terapeuta durante ela:

Reinaldo: Vocês repararam que hoje o Osorio falou mais? Parece que ele se sentiu criticado pelo que dissemos na terça-feira [alusão a circunstâncias da sessão anterior] e se mexeu mais, hoje, aprofundou mais os negócios...
Fábio: Pois eu acho que não, a mim me parece mais é que o Osorio está com receio de nós nos pormos nas mãos dele e está é querendo tirar o corpo fora; olha, vocês não esperem sair daqui curados, a coisa depende de vocês...
Aldo: Interessante... eu achei que ele conseguiu pôr em palavras o que nós não estávamos conseguindo. Acho que ele resumiu o pensamento do grupo.
Osorio: Vocês me viram ou me sentiram conforme o grupo vê vocês ou conforme cada um se sente aqui; o Reinaldo estava sendo criticado no início da sessão pela Soraya por não examinar mais a sério sua relação com seus pais, ou seja, *por não aprofundar mais os negócios, não se mexer mais aqui*; o Fábio tem se esquivado da *prensa* do grupo para que se decida quanto ao que faz da vida, *anda tirando o corpo fora* e o Aldo quer muito poder pôr em palavras tudo o que sente e pensa... [o grupo todo fica alguns instantes em silêncio, meditativo, após o qual Fábio faz uma exclamação que só identificar quando foi tocado por uma interpretação]".

Situação II (promovendo questionamentos circulares por meio das interações grupais – viés sistêmico)

Trata-se de um grupo de adolescentes tardios (entre 18 e 23 anos), com cinco mulheres e três homens, e esta é a segunda sessão após a entrada de uma nova paciente no grupo:

Iracema – Saí com muita raiva de ti, Osorio, porque senti que não me davas razão nas críticas que fiz à Zilá, pelo jeito como ela entrou, querendo se impor ao grupo.
Jucy – É, acho que ninguém estava gostando da atitude da Zilá...
[outros assentem com a cabeça]
Zilá [em tom explosivo] – O que é que há? Estão pensando que vão viver sempre no útero da mamãe? Não podem suportar nada? Como se na vida não tivessem que dividir e repartir?
Jayme – Calma, Zilá, não é bem assim...
Iracema – O que mais me irritou era ver a capacidade do Osorio de suportar as agressões da Zilá. Ele é parte do grupo, também. Deveria ter se incomodado.
Hermínio – Mas eu não me incomodei, também.
Iracema – Mas tu é por panaca que és. Nada parece te afetar...
Clarinda – O que não gostei foi a Zilá ter dito que não tinha tempo a perder. Pareceu que estava dizendo que não tinha tempo a perder conosco...
Zilá – Mais ou menos isso... Acho que vocês estão muito parados na terapia. Esperava mais movimento, mais coisas importantes sendo ditas...
Clarinda – Como o que, por exemplo? Que tu estás doida para dar para o amigo do teu namorado?
Zilá – Isso é o que está na tua cabeça de galinha enrustida.

[Clarinda e Zilá discutem acaloradamente e Iracema olha entre divertida e assustada a reação das duas, enquanto os demais permanecem em silêncio, me olhando de soslaio, como que esperando uma intervenção minha]
Clarinda [dirigindo-se para Iracema] – vais me deixar brigando por ti? Afinal tu és quem estava indignada com a Zilá na sessão passada.
Iracema – É que agora, olhando vocês discutirem, me dei conta do papel ridículo que fiz antes. E já não está me parecendo muito ruim ter alguém como a Zilá no grupo. Quem sabe estávamos precisando de uma agitada mesmo.
Osorio – E o que será que estão pensando disso os que estão em silêncio?
Rui – Inclusive tu, né Osorio?
Osorio – Claro, Rui... às vezes falo antes de todos falarem, às vezes depois...mas neste momento queria saber se também saíram daqui com a mesma sensação da Iracema em relação a mim... E se estão se sentindo em relação à Zilá como a Iracema se sentia antes ou como ela está se sentindo agora.
Carmita – Não acho que o Osorio estava defendendo a Zilá na última sessão...
Clarinda – E quem falou que ele estava defendendo? A Iracema apenas disse que ele parecia não estar dando razão a ela. Quem não toma partido não está defendendo ninguém. Ele não disse nada, logo não podia estar defendendo. Tu és quem estás defendendo o Osorio agora, sempre querendo bancar a queridinha dele.
Carmita – E tu defendendo a Iracema, sempre fazendo par com ela no grupo...
Rui – Chega, gente. Vai ver a Zilá tem mesmo razão. As coisas importantes a gente não está contando aqui. A propósito, tive um sonho que quero contar pra vocês. Eu estava numa sessão de grupo e o Osorio, ou quem estava no lugar dele, sai da sala e então eu tento me aproximar de um paciente novo no grupo, um rapaz alto, barbudo, que está meio encolhido num canto; mas ao lhe dirigir a palavra ele me responde agressivamente, o que me causa espanto. Então ele passa a me dizer coisas a meu respeito que sei que são verdadeiras e por isso não consigo refutar. Fico como que paralisado pela torrente de palavras e o tom agressivo dele.
Iracema – Assim como nós ficamos paralisadas com a atitude da nossa nova companheira na sessão anterior...
Osorio – Me recordo que há tempos atrás o Rui comentou que ele era muito agressivo e irônico com os outros, mas que ultimamente tinha adotado uma atitude mais conciliatória, buscando entendimento...
Rui – Olha, me lembro que tive outro sonho nesta mesma noite e que talvez até confirme isso: também tinha um cara alto, barbudo, magro, só que era um amigo meu e que me avisava que havia um outro cara que estava a fim de me matar. Aí eu saio correndo e o tal outro cara atrás de mim, me perseguindo. Entro numa cidade tipo faroeste onde havia uma casa de tolerância. Não havia nada que dissesse que era um prostíbulo, mas eu sabia que era. Dentro havia urina espalhada pelo chão. Como se fosse um mictório. Vou andando pelos corredores, abrindo portas, e estava tudo vazio. Sabia, no entanto, que aquele cara meu amigo estava lá com uma mulher. Até que abro a porta de um quarto e vejo meu amigo na cama com uma mulher. Continuo correndo pelos corredores

na maior aflição, pensando se o cara que queria me matar já entrou na casa ou não. Aí muda a cena e vejo que o cara matou meu amigo. Dou-me conta de que meu amigo tinha me usado como isca para despistar o tal cara que queria matá-lo e não a mim. Senti-me traído. Aí muda a cena de novo e me vejo com uma tia e minha avó assistindo na TV os acontecimentos do sonho. A imagem desaparece da tela e minha vó diz: está tudo acabado.
Hermínio – Pó, cara... Que sonho! E o que pensaste dele?
Rui – Primeiro pensei que o tal amigo do sonho era o Diego, aquele conhecido de meu pai e que queria ter relações homossexuais comigo quando eu tinha uns quinze, dezesseis anos. Mas depois acho que o amigo era meu pai, que também é alto, magro e às vezes está com a barba por fazer. Lembro-me que o Diego me disse que uma vez saíra com meu pai e ele, meu pai, arrumara uma mulher de programa para ir para um motel com ele.
Jayme – Fiquei pensando nisso dos sonhos. Não acredito em interpretações de sonho. Acho que não dá para sair dizendo que o Rui acha que o pai dele está querendo matar ele ou coisas assim...
Carmita – Bom, quem está interpretando o sonho és tu, Jayme.
Clarinda – Também não acredito muito nas revelações dos sonhos...
Iracema – Pois eu, sim! Tudo a ver!
[Hermínio e Zilá estão quietos, mas atentos; Jucy, mais desligada]
Osorio [dirigindo-me a eles] – E vocês? Pensam mais como Jayme e Clarinda ou como Iracema?
Zilá – Estava pensando que o sonho pode ter algo a ver com o que se passava aqui conosco, como a Iracema lembrou: brigas, coisas agressivas...
Clarinda – Pode ter e pode não ter... O que acha nosso sonhador?
Rui – Olha, tem coisas que são muito minhas, mas tem também algo que ver com o grupo... Houve um momento, quando a Zilá e a Iracema estavam brigando na última sessão, em que desejei que tudo estivesse acabado, como na TV no meu sonho. Aí olhei para o Osorio e vi que ele estava tranqüilo, como se confiasse que as duas iam acabar se acertando, e foi como se de fato todo o perigo delas se agredirem, mesmo fisicamente, tivesse passado...
Jayme – Pois eu em nenhum momento achei que elas fossem se agarrar... parecia mais os pegas de minhas irmãs, que brigam, brigam, mas acabam sempre juntas, uma defendendo a outra e muito amigas.
Carmita – Bom, a gente pode discutir, mas acabar se entendendo. Tolerando uns aos outros.
Zilá – Às vezes eu acho que brigo é comigo mesma, que tenho duas Zilás que discordam todo o tempo dentro de mim... Mas o que fazer? Precisa se viver e ir pra frente mesmo assim.
Osorio – Como dentro da gente, no grupo há discordâncias, opiniões que se chocam, brigas... Mas isso não impede de se ir em frente, fazer progressos, aprendendo a tolerar uns aos outros.
Jayme – Repararam como a Iracema e a Zilá estão juntinhas agora? E a Clarissa até discordou da aliada de sempre há pouco.

Osorio – Alianças se formam e se desfazem, brigas surgem e se resolvem... e quem sabe, como lembrou a Clarissa, o grupo estava precisando de uma agitada, de fazer mudanças nos seus relacionamentos.
Rui – É, convivência é isso aí... um eterno aprendizado.
Jayme – E a Jucy, hem? Sempre tão falante, o que deu hoje nela?
Rui – Mudanças, meu caro, mudanças... Às vezes a gente fala mais, às vezes a gente escuta mais, não é, Jucy?
Jucy – Na próxima sessão eu conto por que estava tão calada...

Embora as amostras apresentadas possam sugerir que troquei um modelo de intervenção por outro, isso não corresponde ao que ocorre em minha práxis atual. São momentos isolados de processos grupais aqui trazidos com propósitos didáticos de ilustrar uma mudança de ênfase em minha forma de trabalhar como grupoterapeuta, mas que absolutamente não significam que abandonei uma pela outra. Lembrem-se do como sinalizamos que uma visão sistêmica não é excludente ("ou"), mas includente ("e"). Hoje, em um processo que chamaria de interdisciplinaridade internalizada, fui assimilando seletivamente, de todos esses referenciais teórico-práticos com que entrei em contato ao longo de minha vida profissional, o que me parecia útil e congruente com minha maneira de ser e de agir profissionalmente. Isso se poderá constatar nessa intervenção psicodramática em uma sessão com adolescentes e que reproduzimos de um texto anterior, salientando-se que tais intervenções mostram-se particularmente valiosas em situações nas quais a comunicação verbal torna-se difícil ou na vigência de "impasses" na evolução de um grupo.

Trata-se de um grupo de oito adolescentes entre 15 e 18 anos, dos quais sete estavam presentes na sessão a que aludiremos a seguir.

As sessões arrastavam-se monótonas, com repetidas queixas trocadas entre seus participantes de que só eram tratados assuntos banais, de seu cotidiano existencial, sem que em algum momento, o grupo atingisse a profundidade ou o nível de comprometimento emocional evidenciados em ocasiões anteriores. Comentavam freqüentemente que "era preciso entrar um novo participante para sacudir aquele grupo".

Propus, então, um exercício de "troca de papéis", no qual escolhessem livremente o companheiro com quem quisessem permutar, de identidade durante o jogo dramático sugerido. Como instrução complementar postulou-se que deveriam participar do exercício da forma como acreditam que o parceiro, cuja identidade houvessem assumido, costuma fazer nas sessões habituais, mas permitindo-se expressar o que lhes parece que ele não está se permitindo trazer à discussão com o grupo. Foi ainda sugerido que trocassem de lugar entre si para facilitar, pela representação no espaço, o "colocar-se no lugar do outro".

Seis dos sete pacientes escolheram-se sem muita demora, então eu convidei a paciente que ficou "desparceirada" a trocar de lugar comigo, levando em conta que, em diversas oportunidades, ela manifestara desejo de sentar-se na cadeira habitualmente ocupada por mim.

A sessão transcorreu em um clima de animação infantil, e, se deixo de fazer aqui maiores comentários sobre ela, é porque quero justamente dar ênfase ao material surgido na sessão seguinte e que, a meu ver, corrobora que o recurso psicodramático empregado atingiu os fins a que se propunha, qual seja, superar as resistências grupais a mobilizar conteúdos reprimidos.

Na sessão posterior, então, eles trouxeram material alusivo a experiências traumáticas da infância, referindo-se também a práticas homossexuais com outras crianças e a situações de sedução por parte de adultos, bem como a vivências de abandono por parte dos pais.

Utilizam-se do termo "brincadeira" para se referir ao que fizemos na sessão anterior, e então lhes interpreto que hoje estão trazendo sentimentos e episódios de suas infâncias que estavam sendo "escondidos" de mim e do restante do grupo por julgarem-nos "vergonhosos" (expressão por muitos deles utilizada) e que, se agora os puderam mencionar, foi pela "brincadeira" que acham que fiz com eles na última sessão. Ou seja, se eu era capaz de entrar na "brincadeira" e participar dela me pondo na pele de um deles, quem sabe seria capaz de aceitar seus jogos sexuais (ou "coisas de criança", como chamaram), bem como entender suas inseguranças e sensações de abandono experimentadas quando eram menores.

Se a psicanálise e o psicodrama foram incluídos em meus esquemas referenciais operativos antes de entrar em contato com o pensamento sistêmico, pela própria influência novo-paradigmática sigo incorporando aportes que me pareçam enriquecer minha prática com grupos em geral, heterogêneos ou não. Por vezes me surpreendo utilizando-me de recursos, como os do behaviorismo ou comportamentalismo (que não fazem parte do "pacote" de minha formação como grupoterapeuta), tal como quando tive que intervir em um iminente confronto físico entre um psicólogo e um advogado em uma sessão de um grupo heterogêneo.

GRUPOS HOMOGÊNEOS (DE SOFRIMENTO COMPARTILHADO)

Recentemente temos assistido, tanto em serviços públicos como na prática privada, ao incremento da constituição dos chamados grupos homogêneos (ou de sofrimento compartilhado), em que os pacientes são agrupados por categorias diagnósticas (depressivos, com síndrome do pânico, diabéticos, asmáticos, hipertensos, com insuficiência renal crônica, aidéticos, etc.), por seqüelas de determinadas condições mórbidas (paraplégicos, safenados, mastectomizadas, colostomizados) ou por situações de vida que geram afinidades entre os componentes do grupo (gestantes, idosos, familiares de pacientes terminais, vítimas de abuso sexual, entre outros tantos).

Nos Estados Unidos, o advento do *managed care* (cuidado gerenciado), em sua busca por tratamentos que pudessem ser mais eficazes, menos custosos e abrangendo número maior de beneficiados, tem sido responsável pela popularização dos grupos homogêneos. O termo popularização foi empregado intencionalmente, pois os grupos nesse contexto carecem de critérios mais cuidadosos quanto à seleção de pacientes, à técnica utilizada e à habilitação dos profissionais para coordená-los. Creio que essa não é uma situação muito diferente da que presenciamos atualmente em nosso meio, talvez com o agravante da crença generalizada de que qualquer profissional pode atender grupos, se essa for a demanda.

A meu modo de ver, o fator terapêutico prevalente nesses grupos advém da possibilidade de os pacientes identificarem-se uns com o sofrimento similar dos outros, superarem juntos preconceitos e eventuais rejeições sociais e apoiarem-se na busca da continuidade de suas trajetórias existenciais com a maior redução de danos possível. Em contrapartida, creio que a manutenção ao longo do tempo, desse convívio endógeno propiciado pelos grupos de sofrimento compartilhado, pode acarretar a seus participantes um maior isolamento e a sensação de constituírem guetos na população em geral, o que acentua seu sentimento de ser diferentes e discriminados pela população dos que não apresentam seus mesmos problemas. Por tais razões, acho aconselhável que os grupoterapeutas, após certo tempo, mesclem pacientes desses grupos, de tal sorte que o elemento identificatório que se mostra propício aos benefícios terapêuticos iniciais não se torne, mais adiante, um fator bloqueador da eficácia desses grupos. Assim, por exemplo, um grupo de obesos que viesse a compartilhar, em um determinado momento, o espaço terapêutico com pacientes anoréticos, hipertensos ou diabéticos poderia se beneficiar com a percepção de outras fontes de sofrimento e limitações. Da interação propiciada por essa "heterogenização" do grupo geralmente resulta uma ampliação do leque de soluções encontradas para lidar com o sofrimento de cada um, como tolerância maior à frustração e disponibilidade para introduzir mudanças na busca da melhor qualidade de vida possível.

Quero enfatizar que a forma de conduzir os grupos homogêneos não difere, na essência, do que ocorre com a coordenação dos grupos heterogêneos, e cada grupoterapeuta poderá fazê-lo segundo os referenciais teórico-técnicos que possui. O diferencial estaria no conhecimento que ele tiver sobre a natureza do sofrimento apresentado e na motivação que apresentar para lidar com ele em um contexto grupal.

Em uma sessão com um grupo de pacientes em hemodiálise, feita durante a sua realização, utilizamo-nos de um recurso psicodramático, sugerindo uma ação catártica via um diálogo de cada paciente com a máquina dialisadora e que pudesse ser ouvido e compartilhado pelos demais pacientes. As contingências da situação e do lugar deram margem à utilização de um expediente técnico que viabilizasse a dinamização do processo grupoterápico, com significativos benefícios, como evidenciado posteriormente.

A seguir, apresento uma vinheta clínica que sublinha o fator identificatório e o próprio grupo como agentes terapêuticos.

Trata-se de um grupo de senhoras obesas atendidas em co-terapia por um endocrinologista e um psiquiatra e que foi por mim supervisionado. O grupo reunia-se uma vez por semana e, antes de cada sessão, as pacientes faziam a aferição de seu peso. Como se poderia supor, além do atendimento grupoterápico, as pacientes estavam com dieta controlada e exercícios prescritos pelo endocrinologista.

Em determinada sessão, uma das pacientes compareceu com uma caixa de papelão cheia de seixos, que esvaziou no piso da sala propondo às demais pacientes que cada pedra representasse o quilo a mais do peso desejável ou adequado a sua compleição física, e que todas colocassem na caixa esses simbólicos quilos a mais, de tal sorte que nela estaria a soma dos pesos excedentes de cada uma. A seguir, propôs que em cada sessão, após a aferição individual do peso na balança do consultório, viessem até a caixa e retirassem ou acrescentassem seixos conforme houvessem aumentado ou diminuído de peso.

Isso instituiu entre elas um *esprit de corps*, e a busca pela redução do peso deixou de ser um objetivo somente individual para se tornar um compromisso coletivo. A partir de então, aquelas que não contribuíam para a redução do número de seixos na caixa ou mesmo viessem aumentá-la eram admoestadas pelas companheiras por não estarem colaborando para a meta comum do grupo, e festejava-se a participação de quem retirava da caixa os seixos correspondentes aos quilos perdidos.

Não desejo concluir sem um comentário que enfatize o poder terapêutico que reside no próprio grupo: o fato de pessoas estranhas um dia encontrarem-se em um espaço para compartilhar suas angústias, conflitos e problemas já é por si só um significativo agente de cura a ser cultivado e desenvolvido pela postura e pela habilidade profissional do grupoterapeuta, independentemente dos recursos técnicos de que dispõe.

15
Terapia de famílias e de casais

Como vimos no Capítulo 9, a terapia de famílias ou de casais pode ser considerada a face clínica dos novos paradigmas. Calcula-se que cerca de 95% dos terapeutas de casais e famílias apóiam-se, em sua prática clínica, no pensamento sistêmico e seus desdobramentos.

Em seus movimentos iniciais, as escolas ou correntes de Terapia Familiar Sistêmica (TFS) questionaram acremente o enfoque psicanalítico dos conflitos e vicissitudes familiares e propuseram mudanças radicais no modo de abordá-los. A TFS, no entanto, acabou por se constituir em uma proposta clínica de certa forma dogmática e que aspira à hegemonia na abordagem dos problemas familiares, e foi questionada. De um lado, houve a crítica feminista ao fato de os ícones da TFS (na sua imensa maioria homens) partirem do pressuposto de que haveriam papéis determinados para os homens e para as mulheres no seio da família e considerarem disfuncionais famílias que não apresentassem um pai residente no lar, bem como ignorarem ou considerarem patológica uma composição familiar que não fosse organizada em torno de um par heterossexual. De outro, a circunstância de, paradoxalmente, como mentores da visão sistêmica, não considerarem os múltiplos sistemas relacionais nos quais estão inseridas as famílias e que constituem o que viria a ser denominado de "redes sociais".

O axioma introduzido pela segunda cibernética afirma que o observador não só participa do fenômeno observado como é por ele modificado, e a emergência do construcionismo social, bem como a tese de que as relações familiares e outras são uma construção compartilhada pelos participantes dessas relações e não algo preestabelecido ou determinado pelas características individuais de quem está interagindo, deram ensejo à criação de um espaço para revisar e discutir o papel do terapeuta no seio das famílias que atende e das redes sociais da qual faz parte, flexibilizando a postura centralizadora do processo terapêutico que até então ele adotava e focando-se na escuta e na compreensão da cultura familiar e das narrativas aportadas por seus membros o fio condutor da terapia.

O risco é cairmos novamente em pontos de vista epistemológicos nos quais os paradigmas acabem por se constituir em "paradogmas" e as práticas se estereotipem em novos modelos aprisionadores da liberdade e da criatividade de seus participantes, familiares e/ou terapeutas.

Ultimamente apresenta-se como "novidade", na formação de profissionais para trabalhar com famílias, o respeito e o desenvolvimento dos estilos próprios de cada terapeuta, priorizando isso em relação aos substratos teórico-técnicos oferecidos pelas chamadas escolas ou correntes em TFS. Ora, isso é o que fazemos desde que, na década de 1980, passamos a capacitar profissionais para o trabalho nas diversas modalidades de grupoterapias, correspondendo ao que chamamos de atender famílias (ou pacientes em geral) sem a camisa de força das teorias e das técnicas nelas inspiradas. Vejamos mais detidamente o que pensamos a esse respeito.

Teorias nascem, sob a forma de hipóteses, a partir da observação da realidade dos fatos, ou seja, da prática. Depois de elaboradas, elas fornecem subsídios ou ferramentas para uma melhor e mais acurada observação dos fatos. Portanto, teoria e prática são indissociáveis no campo epistemológico. Há diferenças importantes, contudo, na forma como essa interação se faz, nas ilações que suscita e nos resultados que venha a apresentar.

Mentes criativas observam a prática e elaboram teorias, e mentes imitativas utilizam teorias para instrumentar sua práxis. O conhecimento não pode prescindir da criação que abre fronteiras nem da imitação que as consolida. Tanto o pensamento criativo como o imitativo são indispensáveis para dinamizar a espiral ascendente do pensamento humano. E pode-se afirmar que desde o advento do pensamento humano não há criação pura: toda ela, de certa forma, está alicerçada em um conhecimento prévio. Assim, por extensão, pode-se dizer que toda prática está influenciada por teorias prévias. No entanto, temos de libertar a práxis das teorias que a sufocam, se quisermos deixar emergir o conhecimento novo e criativo. Isso não é, como pode parecer a uma observação menos atenta, uma afirmação paradoxal: os mesmos cuidados indispensáveis ao desenvolvimento de uma criança nos primeiros anos de vida podem obstaculizar sua evolução em anos posteriores; deve-se deixá-la com suficiente liberdade para aprender de sua própria experiência a fim de realizar seu potencial como indivíduo.

Freud, sem dúvida uma das mais criativas mentes de nossa época, descobriu o inconsciente dinâmico, e a partir dessa descoberta, criou todo um sistema referencial para a abordagem psicoterápica dos conflitos humanos. A teoria compreensiva dos processos mentais por ele criada sustentou a práxis da técnica psicanalítica no âmbito da relação dual paciente-analista.

Da observação dos processos mentais em seus pacientes e em si próprio (auto-análise) – prática –, Freud estabeleceu hipóteses e a partir delas elaborou uma teoria da técnica psicanalítica que, enriquecida com as contribuições de seus discípulos, foi compondo o corpo estrutural de um método psicoterápico específico ao contexto do campo bipessoal da situação analítica.

Pelo processo imitativo, certos psicanalistas procuraram extrapolar esse método para o contexto grupal, ou multipessoal, e deram origem à denominada psicoterapia analítica de grupo ou grupanálise. Da mesma forma, estabeleceram os parâmetros técnicos para o atendimento de famílias com o referencial psicanalítico. Havia uma teoria, e dela se extraiu uma derivação prática em outro contexto que não o original.

Indubitavelmente, foi a partir do surgimento da psicanálise que a prática psicoterápica institucionalizou-se com um substrato teórico que a fundamentasse e com uma técnica que a instrumentalizasse. Mesmo a TFS, embora tenha partido de outro paradigma teórico, não pode negar a influência da psicanálise no estabelecimento de um *setting* terapêutico e do andamento processual que identifica qualquer procedimento psicoterápico. No entanto, equivocam-se os psicanalistas ao supor que seu modelo psicoterápico individual possa ser transposto para o atendimento grupal, incluindo o grupo familiar, sem cometer certas aberrações, tanto do ponto de vista epistemológico quanto dos fundamentos clínicos.

Em 1910, Russell, ao elaborar sua teoria dos tipos lógicos, postulou não ser possível uma classe (grupo) ser membro de si mesma, assim como um de seus membros não pode ser a classe (grupo). Assim, abriu-se caminho para a formulação do princípio da não-somatividade, uma das pedras angulares da teoria dos sistemas, que nos diz que um sistema (grupo) não pode ser entendido como a mera soma de suas partes e que os resultados da análise de segmentos isolados não podem se aplicar ao conjunto como um todo. Então, tanto quando um grupanalista interpreta o material do grupo como um todo como quando interpreta o material de um membro do grupo (ainda que conectando-o por referências associativas ao que hipoteticamente estaria se passando na mente dos demais membros do grupo), está desconsiderando, na primeira hipótese, o fato de grupo e indivíduos componentes serem dois tipos lógicos distintos e, na segunda, a circunstância de que o que se passa na mente do indivíduo isolado não pode se aplicar por extrapolação ao grupo todo. Da mesma forma, quando um terapeuta de famílias toma associações do grupo familiar ou sonhos de distintos membros da família e tenta integrá-los em uma síntese compreensiva dos conflitos subjacentes, está incorrendo em similar equívoco, por tomar como unívoco o que não o é, pois cada mente terá produzido tais emergentes psíquicos a partir de distintas vivências pessoais.

Portanto, a tentativa dos primeiros psicanalistas de aplicar a famílias ou a outros grupos a metodologia do processo analítico os levou a desconsiderar aquisições epistemológicas já então assimiladas por outras áreas da ciência. Talvez resida nos equívocos cometidos pelos pioneiros, ao tentar transpor de forma simplista para o campo das interações grupais (muito mais amplas e complexas) um método originalmente criado para instrumentar uma relação bipessoal, o relativo declínio do interesse das aplicações da psicanálise a formas grupais de terapia coincidindo com o *boom* das terapias familiares sistêmicas a partir dos anos de 1960.

Foi com o advento das teorias sistêmica e da comunicação humana que a terapia de famílias, que na verdade é uma modalidade de grupoterapia, desenvolveu-se a ponto de adquirir certa hegemonia no campo das psicoterapias em geral. Mas, como vimos anteriormente, também a terapia de famílias de linhagem sistêmica está distante de contar com uma fundamentação epistemológica suficiente, assim como não temos ainda na literatura registros confiáveis do *follow-up* de um número significativo de famílias atendidas com esse enfoque para corroborar sua eficácia como método terapêutico.

Pelo exposto anteriormente é que postulamos que a terapia de famílias ainda está em um estágio experimental, em que o aprisionamento em hipóteses teórico-técnicas, prematuramente erigidas em teorias de sustentação de práticas clínicas, pode obstacularizar o movimento criativo em busca de novas vertentes epistêmicas para apoiar nossa práxis com famílias.

Por outro lado, pensamos que a técnica não deve se sobrepor a quem a emprega; ela é apenas um instrumento, e só em mãos habilidosas adquire o alcance e a versatilidade que a tornam deveras útil.

Entendemos que o que radica (e ao mesmo tempo transcende) o processo psicoterápico é a criação de um clima terapêutico monitorado pela empatia com a família que nos procura e o real desejo de ajudar seus membros a superar seus impasses e situações conflitivas, proporcionando-lhes um *holding* adequado para que encontrem, a partir de seus próprios potenciais e com um mínimo de interferência nossa, a retomada de seus projetos de vida coartados pelo sofrimento que os aflige.

O reconhecimento e a aceitação dos seres humanos nas suas singularidades e o respeito às diferenças que apresentam é o marca-passo de nossa conduta como terapeutas. A posição muitas vezes reducionista das teorias que embasam os procedimentos técnicos parece-nos contrapor-se ao estímulo à busca de autonomia pessoal e familiar que, a nosso ver, alicerça o bem-estar psíquico e a qualidade de vida familiar almejada.

Esse mesmo objetivo que nos anima no trabalho com as famílias é traçado em nossa tarefa pedagógica: oferecer aos alunos, que conosco buscam sua especialização em terapia de famílias, a oportunidade de desenvolver seus potenciais e de buscar o conhecimento em um ambiente facilitador, nunca impeditivo, da manifestação de sua criatividade e da afirmação de sua autonomia.

Em nossa práxis terapêutica atual com famílias, e com casais, podemos dizer que o enfoque é interdisciplinar: da psicanálise, obtemos a compreensão das motivações inconscientes das ações humanas; do psicodrama, certos recursos técnicos para superar resistências e auxiliar na exteriorização de conflitos não evidenciáveis apenas pela comunicação verbal; e, da teoria sistêmica, sobretudo da vertente do construcionismo social, uma visão das famílias no contexto de suas redes sociais, do momento histórico em que estão vivendo e do caldo cultural em que se acham mergulhadas.

TERAPIA DE CASAIS: PECULIARIDADES DE SUA ABORDAGEM

Como observa Nichols (2006) em seu livro sobre conceitos e métodos em terapia familiar, muitos autores não fazem distinção entre terapia de casais e terapia familiar, considerando a terapia de casais uma terapia familiar aplicada a um específico subsistema familiar. Nichols diz inclinar-se a concordar com isso, e nós também.

Embora o atendimento de casais, em sua essência, não difira do enfoque teórico-técnico com que abordamos o grupo familiar, ele possui certas peculiaridades que nos predispõem a abrir um tópico para sua consideração.

É o casal um grupo? Essa é a primeira questão que se oferece quando pensamos na estratégia de como abordá-lo psicoterapicamente. Penso que, fora do contexto clínico, o casal não é um grupo, pois é uma relação diádica que poderia ser comparada estruturalmente à do terapeuta com seu paciente em uma psicoterapia individual. É a introdução de um terceiro no sistema – no caso, o terapeuta – que transforma o casal em uma estrutura grupal, pois só então se configura a interação não dual, que define a situação grupal.

Considerando, assim, o casal como um grupo, pela presença do terceiro interveniente, vejamos como o abordamos na prática clínica. Da mesma forma que ocorre com as famílias, o modelo teórico-técnico que sustenta nosso trabalho com casais apóia-se no tripé psicanálise-psicodrama-teoria sistêmica e da comunicação humana. Esses referenciais foram se articulando em nossa experiência clínica de uma forma que nos pareceu relativamente satisfatória e adequada ao objetivo que tínhamos em mente, qual seja, tratar casais segundo o enfoque das impropriamente chamadas psicoterapias breves. Digo "impropriamente chamadas" porque o que as caracteriza, em meu entender, não é a duração do atendimento e sim o trabalho sobre um determinado foco conflituoso. Prefiro, portanto, chamá-las de psicoterapias focais, e, no caso do atendimento a casais, o foco está centrado nas disfunções da relação conjugal.

É esse modelo teórico-técnico para o atendimento de casais a partir de três referenciais distintos – o sistêmico, o psicanalítico e o psicodramático – que pretendo apresentar-lhes sumariamente a seguir.

As "regras do jogo" (enquadre ou *setting*)

Vou me referir genericamente a alguns aspectos que reputo importantes no estabelecimento de um padrão ou continente para o processo psicoterápico e a forma como o apresento ao casal.

Ainda que, como mencionado anteriormente, não priorize a duração do atendimento como elemento determinante da abordagem focal, creio ser útil dizer de início ao casal que nossa tarefa compartida não se estenderá por tempo indeterminado, mas consistirá em uma série de aproximadamente 10 a 20 sessões, ocorridas semanalmente, de 60 e 75 minutos cada. Com isso busca-se não compactuar com a tendência inercial dos casais de cronificar as situações conflitivas que motivaram a procura do atendimento.

Paradoxalmente – embora por razões psicodinamicamente compreensíveis –, os casais tentam obter nossa conivência com seu projeto inconsciente de não alterar o *status quo* conjugal, por temerem as incertezas de uma mudança que possa ser vivida como catastrófica para os propósitos defensivos da aliança conjugal. Assim, ao tornar o casal ciente dos limites temporais dentro dos quais nos moveremos, não obstante me disponha a alterá-los para mais ou para menos sempre que convier à quebra de estereótipos, pauta-se dessa maneira o objetivo de introduzir, a curto prazo, o exame das situações conflitivas. Da mesma forma, procuro tornar evidente a disposição de não aceitar pactos resistenciais que tornem o processo psicoterápico tão cronificado e sem saída como costuma apresentar-se o contexto conjugal por ocasião da procura de ajuda.

Habitualmente informo ao casal, no momento do contrato, que, ao lado da comunicação verbal, por vezes poderão ser utilizados recursos psicodramáticos (sobre os quais lhes ofereço sumária explicação, quando necessário), não só para permitir outras vias de acesso à compreensão de seus conflitos, como igualmente para tentar desatar certos "nós relacionais" que se formam a partir de mal-entendidos tão freqüentes na comunicação entre os membros de um casal.

Também, já por ocasião do contrato, postulo ao casal a conveniência de ampliarmos seu comprometimento com o propósito de examinar, o mais amplamente possível, sua relação e o que a perturba. Para tanto, antecipo que por vezes irei solicitar-lhes – à guisa do que metaforicamente denominei "temas para casa" – que realizem tarefas, entre duas sessões consecutivas, com o propósito de estenderem o trabalho psicoterápico para além do espaço convencional das sessões. Essas tarefas possibilitam não só mantê-los ocupados durante um período continuado com o "refletirem-se" como pessoas no campo especular da relação conjugal, mas também viabilizam a aquisição da consciência de que só alcançarão os objetivos a que se propõem com a terapia na medida em que aprenderem a utilizar, por conta própria e no âmbito da intimidade compartilhada, os instrumentos epistemológicos que ela possa lhes oferecer.

Uma outra observação que faço durante a formulação do contrato – quando o casal possui filhos adolescentes ou já suficientemente amadurecidos para participar com proveito de uma sessão – é sobre a eventualidade de incluirmos os filhos em algum momento do processo psicoterápico. Com isso, estaríamos dando origem a uma intervenção familiar que, no entanto, reputo ser bastante diversa da que ocorre em uma terapia familiar convencional, pois aqui continua sendo o casal e seus conflitos o foco psicoterápico. Os filhos são instados a comparecer apenas quando se os perceba por demais inseridos no contexto desses conflitos ou padecendo significativamente por suas conseqüências.

Por fim, estabeleço como regra básica não iniciar uma sessão com um só dos membros do casal presente, bem como não aceito, nunca, entrevistas isoladas com algum deles, a não ser com a condição de ali encerrarmos a terapia do casal. Embora me pareça que essa é uma prática que se justifica pela própria natureza do atendimento psicoterápico em questão, e, como não é uma praxe universal entre os terapeutas de casal, entendo ser conveniente, até imperativo, dar conhecimento prévio ao casal dessa norma técnica e, se necessário, das razões que a sustentam. Entre essas, para não me alongar no que possa ser de conhecimento geral para aqueles a quem se destina esta exposição, figura a necessidade de o terapeuta não ser depositário de "segredos tidos como inconfessáveis" de um para o outro membro do casal e que, não podendo ser instrumentados pelo terapeuta na interação com o casal, inviabilizam o processo psicoterápico.

Um breve comentário, de caráter predominantemente subjetivo, sobre critérios de indicação em terapia de casais. Aceito casais em tratamento sempre que:
1) perceba ambos os membros do casal suficientemente motivados para encontrar "via terapia" uma forma de atenuar o sofrimento psíquico a que foram levados por uma relação que não consegue ser minimamente satisfatória;

2) sinta um mínimo e necessário grau de empatia pelo casal a atender;
3) esteja convicta de que possa manter-me suficientemente eqüidistante e imparcial, sem tomar o partido de nenhum dos cônjuges nas desavenças que inevitavelmente mostrarão ao longo da terapia e nas quais buscarão, consciente ou inconscientemente, a cumplicidade do terapeuta.

Embora não me guie habitualmente por elementos psicopatológicos para pautar as indicações e, correspondentemente, as contra-indicações da terapia de casais, desaconselho-a de forma sistemática em situações em que um ou ambos os participantes evidenciem sintomatologia do tipo paranóide, sociopática ou psicótica.

Excluindo tais situações e outras mais que por sua singularidade não seria possível categorizar aqui, diria que meu critério pessoal para selecionar casais para o atendimento a que me proponho fundamenta-se, mais do que em um diagnóstico clínico dos participantes, na avaliação da decisão conjunta de buscar ajuda e no grau de motivação compartilhada, assim como no *feeling* contratransferencial de que, mesmo com as alegadas dificuldades para funcionar como parceiros de uma relação conjugal, perceba que sejam capazes de compartirem uma experiência psicoterápica.

Com essas considerações sobre o que entendemos como pré-requisitos para a abordagem psicoterápica de casais, passemos ao processo terapêutico propriamente dito e a forma como o conduzimos.

O processo

Como em um jogo de xadrez, muitas são as "aberturas" para o início do processo psicoterápico. Em um atendimento individual, geralmente cabe ao paciente propô-las e ao terapeuta acompanhá-lo na seqüência de associações. Já em uma terapia de casal, após a(s) entrevista(s) de avaliação – e a menos que angústias de maior intensidade vinculadas à situação conflitiva que motivou a procura de ajuda mobilizem a emergência espontânea de material associativo –, o que mais freqüentemente ocorre é o casal esperar pela iniciativa do terapeuta no desencadeamento do processo.

Tal como no jogo de xadrez, cujas aberturas podem ser distintas, mas não contrariam certos princípios básicos, também na terapia de casais elas não fogem à proposta fundamental de se conhecer o perfil dos cônjuges e sua história como casal.

Entre minhas aberturas favoritas está o que chamo de biografias cruzadas. Em lugar de solicitar aos membros do casal que cada um me forneça dados sobre si mesmo, proponho que cada cônjuge me conte o que sabia da vida do outro até o momento em que se conheceram. Assim, a lado da obtenção de dados anamnésicos, já se cria uma situação interativa que, via de regra, aporta elementos significativos sobre o funcionamento do casal. Não raro constata-se como cada cônjuge desconhece aspectos relevantes da vida pregressa do outro e, ao solicitar que um dos "biografados" confirme se se sentiu adequadamente "retratado" pelo cônjuge, tem-se como resposta um enfático "não", seguido da correção do que entende terem sido as distorções ocorridas. Em outras circunstâncias, com espanto, assinalam que vivências tidas como marcantes em sua história pessoal passaram em branco no relato do cônjuge biógrafo ou, ao contrário, acham que este pôs ênfase em fatos que considera irrelevantes para traçar seu perfil individual.

Tais situações voltam a ocorrer quando, mais adiante, solicita-se que o casal nos fale de seu primeiro encontro ou das circunstâncias em que vieram a se envolver afetivamente. Também encontramos versões díspares, quando não francamente contraditórias, ao se referirem à forma como planejaram e tiveram os filhos ou à maneira como interagem com os respectivos pais, irmãos e demais parentes, bem como com os amigos em geral.

Após essa fase inicial de (re)conhecimento mútuo, sigo adiante com os jogos interativos, utilizando-me, com freqüência, do exercício psicodramático da troca de papéis, para oportunizar – por meio da experiência do "meter-se na pele do outro" – a vivência identificatória com os sentimentos do parceiro. Amplia-se, assim, a possibilidade de percebê-lo de forma distinta da habitual, pela permuta projetivo-introjetiva que então se estabelece, enseja o exame de suas divergências sob um enfoque distinto, evita que o modo estereotipado como os casais discutem, cada qual encastelado em seus próprios pontos de vista e argumentos.

Todo processo, como disse anteriormente, está a serviço de quebrar esses estereótipos que os casais estabelecem em sua relação íntima e assim mobilizar a disposição para acionar as mudanças pretendidas.

O psicoterapeuta é, sobretudo, um agente de mudanças, e não é sua atribuição determinar o rumo que essas mudanças tomarão; sua função é tão somente catalisar o que esteja latente nas motivações inconscientes dos membros do casal, de tal sorte que eles possam redirecionar seu destino: ou a manutenção do vínculo em bases mais satisfatórias ou sua dissolução com o menor sofrimento possível para as partes envolvidas (incluindo-se aqui os filhos).

O término

Vejamos agora como geralmente acontece o término dos atendimentos de casal no modelo que adotamos.

Como a abordagem centra-se nos desajustes atuais do casal e o objetivo primordial é mobilizar os cônjuges a encontrar suas próprias soluções e saídas para os impasses a que chegaram, tão logo esse objetivo se delineie, ou haja indícios de que o casal está cônscio dos caminhos a percorrer, encaminho a terapia para sua conclusão. Por vezes o término é abrupto: em determinado momento, há um consenso do par terapeuta-casal de que é chegada a hora de pormos um final à nossa tarefa compartida, seja porque a levamos a bom término ou porque nos pareça que fomos até onde era possível. Em outras ocasiões, no entanto, quando se percebe uma tendência dos cônjuges de retornarem à situação inercial em que se encontravam ao procurarem a terapia tão logo esta se interrompa, resolvemos manter o vínculo, mas espaçando as sessões, que passam a ser então quinzenais ou mensais, até que possamos reverter essa tendência ou ao menos dar-lhes subsídios para que possam seguir instrumentalizando as mudanças relacionais necessárias para uma melhor qualidade de vida conjugal.

Ilustração clínica

Vamos a seguir sumariar o atendimento de um casal monitorado pelos principais acontecimentos e intervenções ocorridas ao longo do processo psicoterápico, intercalando alguns breves comentários quando eles se fizerem necessários para clarificar o que está subjacente a cada movimento ensaiado pelo casal ou proposto pelo terapeuta no curso do referido processo. Deixaremos, contudo, ao leitor que faça suas próprias inferências sobre a compreensão psicodinâmica do material clínico apresentado.

Adão e Eva, um casal na faixa dos 30 anos ao procurarem ajuda, têm quatro filhos cujas idades oscilam entre 4 e 12 anos. Ela se queixa de que ele é muito sovina, retentivo, obsessivo e a impede de se desenvolver profissionalmente, ao cobrar dela maior atenção à casa e às crianças, e só parece abrandar sua oposição a que ela se dedique mais à sua profissão quando constata que isso está proporcionando algum aumento significativo da renda familiar. Por seu turno, ele alega que ela é esbanjadora, dispersiva, desorganizada ao extremo e que está sempre criticando-o por alguma coisa. Ambos estão em atendimento psicoterápico, individual (ele) e em grupo (ela).

Após uma sessão inicial, na qual a tônica foi a repetição das queixas referidas na entrevista de avaliação, em um clima de muito ressentimento e desqualificações recíprocas, ambos dirigindo-se sempre ao terapeuta como se ele fosse um juiz e evitando entreolharem-se, sugere-se como "tema para casa" que ambos examinem, um sentado diante do outro e olhando-se nos olhos, a contribuição de cada um à desarmonia do casal. Pontuo que o objetivo do exercício não é responsabilizar um ao outro, mas cada qual examinar o que entendem que seja sua própria contribuição ao mal-estar conjugal.

Na sessão seguinte (a segunda após o contrato terapêutico), ao narrarem como realizaram o "tema para casa", mostram que o entenderam justamente no sentido que lhes foi apontado que deviam evitar tomá-lo, ou seja, desfiaram um rosário de mútuas acusações.

Durante a realização das biografias cruzadas propostas, observamos que cada um traz de sua família de origem um idioma ou dialeto privado, ao qual o outro não tem acesso, e, embora estejam em diversos momentos dizendo exatamente a mesma coisa, não reconhecem essa equivalência em suas falas e procedem como se fossem dois estrangeiros sem uma tradução que os faça tornarem-se inteligíveis um ao outro. Essa metáfora é utilizada para tentarmos o acesso ao padrão de incomunicabilidade do casal, propondo-se a funcionar como o aludido tradutor entre eles. Também se tornou evidenciável ao terapeuta, com algum reconhecimento por parte de ambos, que paradoxalmente haviam procurado a terapia com uma forte disposição a "manter tudo como estava", ou seja, não mudar sua forma de interagir. Manteve-se a prescrição do mesmo tema da sessão anterior.

Na terceira sessão, Eva inicia dizendo que Adão saiu-se muito bem na realização do tema. Pergunto-lhe que nota daria, e ela diz dez". Adão, um tanto contrafeito, concede que Eva também se saiu bem, mas não quer atribuir-lhe nota. Queixa-se de que Eva o "obrigou" a segurar-lhe a mão e dizer que não seria mais tão exigente com ela nem a massacraria com as reiteradas admoestações para que não gaste tanto. Sugiro então uma dramatização em cima da cena mencionada e verifica-se então que a atitude de Eva era a de uma professora submetendo o aluno a uma prova de "competência" marital. O clima criado durante e após a dramatização permite um primeiro momento de descontração do casal e alguns lances de humor compartilhados por nós três. Verifica-se, contudo, que Eva na verdade tem a firme convicção de que é de longe a menos responsável pela desarmonia do casal.

Mencionei o humor, e aproveito o ensejo para enfatizar sua importância na criação do clima terapêutico apropriado para que o "drama" conjugal se suavize e se crie uma saudável predisposição lúdica na relação do casal. É como se o espaço da sessão fosse também o de oportunizar a ambos o resgate de núcleos infantis criativos e assim possibilitar uma maior flexibilidade nos papéis adultos a serem representados na sua cotidianidade doméstica. Isso me parece – como, aliás, confirmou-se com esse mesmo casal ao tratarmos, em um momento posterior da terapia aspectos de sua vida sexual – de extrema importância para tornar a "cama" um lugar de prazer e ludicidade e não de obrigações e desempenhos. Entendo os jogos sexuais como um equivalente adulto da brincadeira compartilhada da criança, e apenas capazes de proporcionar genuína satisfação mútua se entretidos sob a égide desse espírito lúdico que se evoca com a introdução do humor na trama do casal. E para que a terapia possa auxiliá-los no resgate e na manutenção do bom humor indispensável à qualidade de vida familiar e social é que o privilegio no contexto do processo psicoterápico.

Chegamos à quarta sessão, momento em que são retomadas as biografias cruzadas que haviam ficado incompletas. Conforme já foi referido, após cada relato indago sempre se o biografado achou-se adequadamente retratado ou se quer acrescentar algo que ficou omisso e que julga digno de registro. Adão conta, então, que quando seus pais casaram sua mãe ganhava tanto ou mais do que seu pai, que eles sempre viveram em aperturas financeiras e que o clima em casa era pessimista com relação às possibilidades de melhorar seus ganhos. O pai à mesa sempre adotava um tom didático, ministrando ensinamentos morais e fazendo comentários que denotavam a repressão sexual subjacente, como quando disse a Adão durante seu namoro com Eva: "veja lá se não vais te desgastar com uma moça tão cheia de vida!".

Ao final, dramatizamos uma cena que representaria uma conversa de Adão com sua mãe, com Eva no papel dela, com o propósito não só de ampliar o conhecimento da relação de Adão com sua mãe, menos evidenciável até então, mas também investigar o modo como Eva percebia sua sogra.

Na quinta sessão, detivemo-nos então na biografia de Eva narrada por Adão, em que ele ressaltou a figura de um avô dela, um imigrante ambicioso que desde sua chegada traçou o objetivo de casar-se com a filha de algum figurão da comunidade. O pai de Eva aparece descrito como um indivíduo autoritário, e a mãe, como uma mulher decidida, ativa, mas com certa frieza emocional.

Dramatizações propostas no decorrer da sessão: Adão e Eva, cada qual representando sua própria família, dirigindo-se a um objeto (almofada) que simbolizaria o casal e dizendo como os vêm como cônjuges e quais seus prognósticos quanto à relação deles. Na seqüência, Adão e Eva são convidados a se dirigirem a suas respectivas famílias, simbolizadas em outras duas almofadas, dizendo-lhes em que contribuíram para o modo como agora se relacionam como casal.

Na sexta sessão, trabalhou-se sobre os papéis estereotipados dentro do casal: ele assumindo tudo que se refira a deveres e obrigações e ela o que possa representar prazer e ausência de compromissos. No exercício de troca de papéis, pudemos investigar os ganhos secundários da fixação dessa postura para ambos, já que experimentar contentamento e permitir-se mais lazer é, para Adão, "abandonar" as obrigatórias identificações com o pai e ver-se confrontado com as expectativas deste de que ele seja, acima de tudo, um cidadão responsável e trabalhador. Para Eva, progredir profissionalmente e tornar-se a co-provedora da família é correr o risco de se aprisionar no modelo da mulher (avó), que servirá de trampolim para que o marido (avô) suba na vida e a desfrute a suas custas.

O tema para casa foi que fizessem a listagem do que cada um desejaria do outro para sua satisfação conjugal, cuja discussão ocupou praticamente toda a sétima sessão.

Na lista dela figurava: que ele fosse mais atuante como pai e como esposo, menos inseguro, mais companheiro, carinhoso, atencioso e sexualmente mais maduro, que soubesse se pôr no lugar dela, que tivesse uma visão menos limitada da vida, percebendo seu real valor, e que vivesse mais no presente que no passado.

Na relação dele constava que ela soubesse melhor o que quer da vida e soubesse balancear seu tempo entre a família e o trabalho, soubesse ser doce, meiga e reclamasse menos, fosse mais adulta, refletisse antes de agir, mantivesse a calma e aprendesse a ouvir, pudesse pôr-se no lugar dele e aceitasse opiniões diferentes das suas.

Como vemos, um item é comum a ambas as listagens: que cada um soubesse se pôr no lugar do outro. Isso nos suscita um outro comentário.

O casal é uma unidade com características simbióticas latentes, que emergem nas disfunções conjugais. Há um desejo de que o outro preencha lacunas existenciais que remontam à primitiva relação entre pais e filho. Assim, boa parte das frustrações da vida em comum desse casal, como de tantos outros, reside na expectativa não cumprida de que o outro preencha tais lacunas transferenciais. Como ambos têm a mesma necessidade de resgatar no outro o pai ou a mãe que tiveram (ou não tiveram e esperam agora encontrar na relação conjugal), não há disponibilidade para oferecer ao outro o que falta a cada um. Essa situação é provavelmente a principal razão dos impasses na relação conjugal.

A dramatização proposta nessa sessão abordou a questão das rivalidades fraternas, emergentes na discussão que se seguiu à análise do tema para casa, em que ficou patenteado o quanto ambos se ressentiam do lugar ocupado pelos respectivos irmãos na atenção e no afeto dos pais.

Na oitava sessão, encontramo-los assim modulando suas expectativas em relação à terapia: ela otimista e esperançosa, ele pessimista e cético, o que, aliás, são suas atitudes habituais na vida em geral. Isso nos deu a oportunidade de propor-lhes um movimento em direção ao futuro, com o exercício de imaginar como estarão como casal daqui a cinco anos. Após isso, trabalhamos em cima da idéia de que, como o futuro está por construir-se, necessariamente não precisa repetir o passado, e repousa em nossos potenciais criativos a possibilidade de alterá-lo.

Esse exercício prospectivo possibilitou também o ingresso do tema "filhos" no contexto de suas narrativas e reflexões, e foi considerada nessa oportunidade a hipótese de convidá-los a acompanhar os pais a uma sessão próxima (configurando o que denominamos intervenção familiar no transcurso de uma terapia de casal).

A nona sessão iniciou-se com comentários sobre as desavenças do casal em relação ao modo como encaram o manejo das finanças e as queixas habituais dele de que ela esbanja dinheiro e dela de que ele, além de controlar em demasia seus gastos, não considera como trabalho as horas que ela dedica aos afazeres domésticos. Proponho-lhes, como tema para casa, que elaborem juntos um orçamento doméstico, estabelecendo uma avaliação em unidades de serviço da hora de trabalho de cada um nas atividades domésticas. Para minha surpresa, ao relatarem a feitura do tema na sessão posterior (a décima) revelaram que ele lhes trouxe um grande prazer e que o realizaram em um clima lúdico e descontraído, o que sugere, além de um câmbio na interação do casal, o significado do dinheiro como elemento motivador e aglutinador no contexto dessa relação conjugal.

Como a sessão foi presidida pelo fator "fantasiar" (no caso, manipular pela fantasia o valor que se pode atribuir ao dinheiro como produto do trabalho), sugeriu-se como tema para casa o seguinte: ganharam 100 mil reais na loteria e cada um, independentemente, vai decidir o destino que o casal dará a esse montante.

Na 11ª sessão, o tema foi por eles apresentado da seguinte maneira: Adão decidiu aplicar todo o dinheiro e, dos dividendos, vai retirando parcelas para o que considera prioritário para a família (educação, saúde e melhorias na casa). Eva, por seu turno, daria metade do dinheiro para Adão a fim de livrar-se de suas pressões econômicas e o restante gastaria em lazer (férias, passeios, festas) para todos, saúde (tratamentos dentários, cuidados estéticos para ela e para as filhas), renovação do guarda-roupa e decoração da casa e cursos de extensão em sua área profissional.

A proposta evidencia que ele permanece detendo o poder sobre os ganhos do casal, enquanto ela acha inviável administrar em conjunto os bens, preferindo separá-los para que cada um gaste como melhor lhe aprouver, e não há lugar para poupanças na cota que ela se atribuiu.

A dramatização sugerida é a seguinte: Eva é uma viúva de parcos recursos cujo filho adolescente (papel designado para Adão) quer um aparelho de som. Na cena representada, muito rapidamente Eva cede aos rogos do filho para dar-lhe o aparelho. Dou-lhe, então, a instrução de que, mesmo que com sacrifícios possa dispor da quantia para a aquisição do aparelho, negue o pedido do filho alegando outras prioridades da vida doméstica de ambos (ou seja, o que, segundo ela, é o que Adão faz habitualmente). Eva outra vez acaba cedendo aos argumentos do filho, que contrapõe às razões da mãe a importância do prazer de ouvir música para seu desenvolvimento pessoal (observe-se o brilho nos olhos de Adão ao permitir-se, durante a cena, reivindicar prazeres que habitualmente nega a si próprio no seu cotidiano existencial). Proponho ainda uma terceira cena: Eva não possui o dinheiro para atender ao pedido do filho. Adão, no papel do filho adolescente, a convence a obtê-lo por meio de pedidos para que tome empréstimos de vizinhos ou parentes, ou que venda bens ou pertences pessoais (relógio, anel), propondo-se a abrir mão de mesadas futuras ou presentes de natal e aniversário. Sugiro depois uma inversão de papéis, em que ele fará o papel de um viúvo e ela o de uma filha adolescente que quer convencê-lo a deixá-la a ir a um baile e comprar o vestido para a ocasião. Adão convence a filha a trabalhar para ele, auxiliando-o no escritório, até levantar o dinheiro necessário para que ela compre o desejado vestido. Na reflexão que se seguiu às cenas dramatizadas, os participantes adquiriram certo *insight* da dificuldade de saírem dos papéis estereotipados em que se encontram na "vida real" e da constatação de que, sem alterá-los, será difícil não só manterem uma relação conjugal mais satisfatória como também alcançarem uma melhor qualidade de vida individual.

Na 12ª sessão, por meio de jogos dramáticos de cunho lúdico com inversão de papéis (como, por exemplo, cena em que fazem dois irmãos aliando-se no intuito de conseguirem permissão dos pais para fazer uma festa para amigos, em que ele devia representar o otimista e ela a pessimista), volta-se à cena da infância de ambos e com isso retorna-se à idéia de trazer os filhos para uma sessão.

A 13ª sessão transcorre com a presença dos filhos. Faz-se dramatização da hora do almoço familiar. Todos se queixam do "pão-durismo" de Adão. Ele, por sua vez, queixa-se da falta de comando dela, no que é secundado pela filha mais velha.

Há um clima geral "infantilizado": um dos filhos assume uma postura de bebê sedutor com a mãe, outro fala como se fosse uma criança menor, a mãe se porta como se fosse uma adolescente pouco dotada intelectualmente, o pai parece um garoto chorão e queixoso. À filha mais velha parece ter restado o papel de única adulta da família, o que faz, mas com visível contrariedade. Percebe-se aí o movimento regressivo da família, provavelmente desencadeado pela resistência dos pais em assumir sua condição adulta e abandonar suas demandas infantis não satisfeitas, cada qual à espera de que o cônjuge o faça.

A 14ª sessão focalizou o relacionamento sexual de ambos, em que Adão responsabiliza os pais por suas inibições e "deficiências" nessa área, com a concordância e conseqüente atitude compreensiva de Eva, que, no entanto, diz esperar que ele não passe a vida toda alegando isto e trate de "amadurecer" sexualmente. Curiosamente, nessa sessão, Eva, ao contrário do que ocorre habitualmente, não mostra sua postura infantilizada e de quem se conforma com o papel de irresponsável na dupla conjugal, e assume uma atitude mais adulta e quase maternal com Adão, que parece encolher-se, intimidado com as cobranças de Eva.

Em um dado momento da sessão, oportuniza-se o trabalho com as imagos parentais de ambos e, usando a técnica do *alter-ego*, digo ao ouvido de Adão: "já pensaste que depois de todos esses anos a Eva começa a se parecer uma mãe para ti?". Ele me olha, espantado, e exclama: "Eis aí uma pergunta que tenho me feito recentemente!". E, ao ouvido de Eva, sem que ela saiba da indagação que fiz ao ouvido de Adão, sussurro: "e se puderes pensar que ele agora não está intimidado e amedrontado com tuas cobranças, mas sim com as que a mãe, quem sabe, costumava fazer dele?". Ela fica surpresa, meditativa, e comenta estar gostando da técnica que estou empregando.

Ao final da sessão, eles trazem comentário de um dos filhos sobre como a mãe está se vestindo melhor atualmente, mais como uma mulher adulta vaidosa e menos como uma adolescente displicente e desajeitada. Indago como cada qual sentiu essa observação. Eva diz que o filho, com isto, estaria criticando o pai por não elogiá-la como deveria fazê-lo. Adão, por sua vez, observa que o filho está, como de costume, fazendo um jogo sedutor com a mãe. Eva comenta que isso é o que ele gostaria de fazer com sua própria mãe e ele admite.

Na 15ª sessão, introduzimos um balanço geral da terapia para encaminhá-la a seu final. Eles fazem uma listagem dos temas que abordaram para avaliarem se deixaram algo de fora: examinaram a relação deles com suas respectivas famílias de origem (biografias cruzadas), com os filhos, no campo profissional e financeiro, na vida sexual e o que chamam de relações "pessoa a pessoa" entre eles. Talvez não se tenham detido na sua vida social e com os amigos.

Dou cinco minutos a cada um para falar, sem a interferência do outro, sobre o que acham que adquiriram na terapia sobre o conhecimento de como cada um contribui para o mal-estar conjugal. Adão observa que o mais nocivo é a competição existente entre eles, com evidentes prejuízos para os filhos, no seu entender; acha que tem enfeixado muito o controle do dinheiro e que deveria ter tentado ajudar mais Eva a aprender a lidar com a administração das finanças domésticas. Eva, por seu turno, acha que aproveitou usando as sessões como veículo para seus "desabafos", com a convicção de que Adão não a impediria de fazê-lo aqui, como faz em casa, pela ação de minha presença; acha que Adão segue não sabendo avaliar a capacidade dela de ganhar dinheiro ou de administrá-lo, mas que conseguiram mais consenso em relação à educação e ao manejo dos filhos.

Peço para colocarem em percentuais como valorizam seus progressos como casal, e Adão, estabelece um "pessimista" 25 e Eva, um "otimista" 75%.

Na 16ª sessão, voltam a discutir como em ocasiões anteriores e, empregando a técnica da dublagem, intervenho no papel de Adão falando para Eva: "no fundo acho que tens toda a razão; estou discutindo só por teimosia". Eva fica impactada, sem saber como prosseguir e a discussão se dilui.

Na 17ª sessão, que combinamos que seria a penúltima, adoto uma técnica condicionante. Com a ajuda de uma lâmpada vermelha digo que a acenderei para sinalizar sempre que na interação entre eles um manifestar qualquer queixa sobre o outro. Divertem-se muito com o exercício e ao final me pedem a pontuação, ou seja, qual deles sofreu mais "penalizações".

A sessão final transcorre com um espontâneo exercício de prospecção ao futuro e ambos referem ter muito material para prosseguirem examinando sua relação nas respectivas terapias que seguem fazendo.

Esse foi um atendimento que fiz nos meus primeiros anos de experiência em terapia de casais. Em relação à técnica adotada e sua evolução posterior, cabe assinalar que hoje em dia emprego muito menos dramatizações mobilizadoras do que naquela época. A tônica é muito mais na visualização sistêmica do casal e no trabalho sobre as suas interações durante a sessão. Por outro lado, com um enfoque prospectivo, buscamos antes comprometê-los com a busca de mudanças para uma melhor qualidade de vida para ambos no futuro do que em "remexer" o passado na tentativa de ajudá-los a entender as origens do mal-estar conjugal. Isso, contudo, não significa que me aproxime de uma abordagem comportamentalista, pois as intervenções são sempre balizadas pelo propósito de ressignificar, por meio da reflexão compartilhada, os sentimentos externados e, sempre que possível, identificar e discutir com o casal as motivações inconscientes de suas atitudes no contexto da interação conjugal.

Para finalizar, segue-se uma observação sobre como entendemos o propósito terapêutico com casais. A função que nos cabe, é ajudar seus componentes a compreender o que os une e/ou os separa, mediar conflitos que aportem durante o processo e deixá-los livres para decidir se continuam juntos ou separados. Não cremos que seja nossa função terapêutica monitorar seus destinos ou decidir o que mais lhes convenha. Isso é para aconselhamentos de ordem moral ou religiosa, não para o espaço isento do processo terapêutico. Assim, quando um casal, ao cabo de uma terapia, decide pela separação, não consideramos isso um fracasso e sim uma possível saída para seu sofrimento como cônjuges. Nossa tarefa, nessas circunstâncias, é auxiliá-los a se separarem com o menor dano para ambos e para os filhos, quando existirem.

16
Cuidando dos cuidadores

Preliminarmente, o que entendemos por cuidadores? Essa denominação é empregada habitualmente para nomear os familiares, amigos, vizinhos e outros mais que auxiliam nos cuidados com alguém enfermo. Não é, contudo, o sentido em que a empregaremos aqui. Vamos nos referir aos cuidadores como profissionais da área de saúde (médicos, enfermeiros, dentistas, fisioterapeutas, assistentes sociais, etc.) cuja função precípua é cuidar de pacientes e promover seu bem-estar físico, psicológico e social.

Em um sentido amplo, poderíamos considerar como cuidadores todos aqueles que profissionalmente têm como função ministrar cuidados a quem deles necessita, seja por razões de saúde ou outras quaisquer. Aí se incluiriam, portanto, os que atuam nas áreas de educação ou aqueles que, em organizações públicas ou privadas, têm a seu encargo a prestação de serviços a terceiros.

Diga-se de passagem que as considerações que aqui fizermos abrangem tanto os cuidadores "amadores" referidos inicialmente como os que o fazem por injunção da atividade profissional que escolheram.

O modelo "cuidador", por outro lado, provém da família, e sua origem radica-se na condição neotênica dos seres humanos, ou seja, o fato de que, ao nascer e durante boa parte dos primeiros meses ou mesmo anos de vida, dependem de cuidados a eles proporcionados para que sobrevivam. Precisam ser alimentados, agasalhados e protegidos contra as ameaças do meio externo até que cheguem à idade em que possam se desenvolver autonomamente.

De certa forma, a necessidade de sermos cuidados e dependermos de alguém para isso mantém-se em maior ou menor grau ao longo de toda a existência humana. A tarefa cuidadora, por sua vez, também gera demanda por cuidados, para que não sobrecarregue quem a exerça e se torne um fardo por vezes insuportável, ou, quando menos, acarrete a quem cuida de necessidades e sofrimentos comparáveis aos daqueles a quem cuidam.

E quando os cuidadores necessitam de cuidados? Quando, na vigência de sua atividade profissional, apresentarem sobrecarga emocional com situações estressantes provindas:
- dos destinatários de sua atividade como cuidadores e eventualmente de seus familiares;
- da relação com colegas ou membros da equipe de trabalho a que pertençam;
- do contexto institucional em que atuam;
- de rompimentos no tecido de sua rede social.

E de que maneira proporcionar esses cuidados?

Antes de referir as modalidades de abordagens grupais que podem se constituir em cuidados com os cuidadores, vamos nos deter um pouco mais para explicitar em que constitui essa demanda. Para torná-la mais clara, vamos nos valer de uma metáfora: o lixo psíquico.*

De uma forma muito sintética, podemos dizer que o lixo é constituído por resíduos que, dentro do processo de transformação de uma matéria-prima em produto final, sobram e não são aproveitados. Na realização de nossas atividades domésticas ou profissionais, também acumulamos um equivalente desses resíduos não aproveitados, aos quais temos que dar destino ou reciclar para que não contaminem nossa vida de relação.

Por lixo psíquico entendemos tudo aquilo que é reprimido, não expresso ou acumulado sob a forma de ressentimentos, angústias e frustrações e que irá poluir nossa relação com os outros e intoxicar nossa mente. Aquilo, enfim, que faz com que, em nosso cotidiano, haja mais sofrimento do que o inevitável e que decorre, por exemplo, do modo como exacerbamos nossos sentimentos de culpa, superdimensionamos nossos erros, incrementamos a auto-piedade, focamos nossa atenção no que de negativo nos acontece ou ainda transformamos a admiração em inveja, a competição em rivalidade ou opiniões divergentes em hostilidade. Dizendo de outra maneira, é a sobrecarga que adicionamos ao que é o fardo cujo transporte é inerente à tarefa que realizamos.

Seres humanos, como a natureza, têm a possibilidade de absorver e de metabolizar certa quantidade do lixo psíquico que acumulamos no desempenho de nossas atividades e relacionamentos interpessoais. Mas há parte desse lixo que se acumula em nossas mentes além do que podemos digerir, e geralmente o colocamos em lugar indevido.

Aborrecer-se no local de trabalho e descarregar em casa. Não lhes soa familiar? Há quem considere isso inevitável e até mesmo desejável, pressupondo que essa é uma forma adequada de dar destino às tensões acumuladas no am-

---

* Expressão cunhada por Maria Elizabeth Pascual do Valle.

biente de trabalho para que não se reproduzam no dia seguinte. Nada mais equivocado. Utilizando-nos de nossa metáfora, poderíamos dizer que é como despejar um caminhão de lixo hospitalar em nosso pomar, contaminando-o e destruindo-o. Um pomar tem que ser cuidado, e os frutos que produz devem ser preservados de contaminações, assim como nosso lar. Qualquer lixo psíquico oriundo do exterior não deve sobrecarregar o recipiente doméstico. Este deve ser reservado para o que se produz no seu interior. O lar deve ser lugar de reabastecimento emocional, não de descarga de lixo que não lhe pertence; dele devemos tirar forças para a porfia lá fora, não enfraquecê-lo com nossos humores afetados ou questões malresolvidas em atividades que não lhe sejam pertinentes.

Obviamente, o contrário também é procedente: não podemos levar para nossos locais de trabalho o lixo psíquico resultante de nossos problemas e conflitos domésticos.

A seguir, a ilustração gráfica dos fatores estressantes determinantes do acúmulo de lixo psíquico em um cuidador da área de saúde:

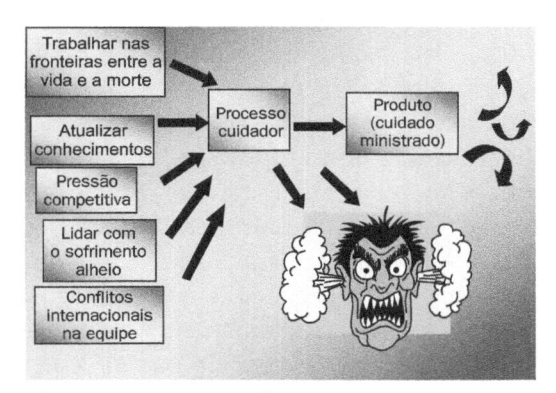

Figura 15.1 Lixo psíquico.

Mas, afinal, como reciclar o lixo psíquico acumulado no trabalho como cuidadores, que é o que tratamos aqui? Essa reciclagem passa, antes de tudo, pela identificação das situações estressantes mencionadas anteriormente. Em seguida, passa pela criação de espaços continentes para receber esse lixo psíquico, que será preparado para os processos de reaproveitamento da energia que carregam e que acaba desperdiçada pelo atrito nas interfaces do cuidador com aqueles a quem se destinam seus cuidados, seus circunstantes, a equipe de trabalho em que se inclui e os estamentos institucionais que o cercam.

No exercício de nossas atividades profissionais, a forma como fomos socializados no sentido de encarar primeiro o estudo e depois o trabalho como deveres e, conseqüentemente, não como prazeres, sem dúvida contribui para que não se recicle o lixo psíquico, inevitavelmente acumulado em tais atividades. Introduzir o elemento lúdico, ou seja, resgatar o prazer que originalmente está contido na realização de tarefas para as quais fomos atraídos por competências latentes é, sem dúvida, o primeiro elemento reciclador com que contamos para que, no próprio local de trabalho, se instrumente o reaproveitamento das emoções "radioativas" que serão contaminantes da harmonia doméstica, mas que podem ser geradoras de energia laborativa no âmbito profissional.

Há alguns procedimentos a ser recomendados na reciclagem do lixo psíquico e, conseqüentemente, na criação de uma melhor ambiência, ou seja, de um ambiente emocionalmente adequado e que se proponha a ser ecologicamente correto para o desenvolvimento dos potenciais humanos.

O primeiro deles é o reconhecimento das circunstâncias que acarretam o acúmulo daquele lixo psíquico que, por não ser absorvido, tende a se expressar por distintas manifestações de ansiedade, sobretudo os denominados sintomas psicossomáticos (dores de cabeça, crises hipertensivas, tonturas, etc.). Entre essas circunstâncias, certamente encontraremos aquelas que dizem respeito às vicissitudes do relacionamento interpessoal, que são exacerbadas por bloqueios na interação e por mal-entendidos. A reciclagem do lixo psíquico de natureza interacional passa obviamente pela abertura dos canais de comunicação obstruídos na rede grupal em que estamos inseridos.

À identificação dessas fontes de sofrimento na interação com os outros segue-se a necessária reflexão sobre nossa participação no processo e o entendimento de sua origem, bem como o dar-se tempo para agir. Se não o fizermos, corremos o risco de despejar precipitadamente no interlocutor o lixo psíquico que nos intoxica, o que será apenas transferir para outra mente-lixeira os conteúdos sem que seja providenciado seu reaproveitamento para corrigir distorções relacionais e permitir a "oxigenação" do clima grupal.

Quando estamos submersos em intensos sentimentos de raiva ou de rejeição, estamos impossibilitados de pensar e, conseqüentemente, de promover as necessárias ações para reciclar nosso lixo psíquico. Nesses momentos, armazená-lo em nossa lixeira mental, aguardando o momento propício para reciclá-lo, é da maior conveniência. Cada um deve proceder conforme seus hábitos e inclinações para aliviar-se do incômodo que lhe causa esse lixo enquanto não lhe é dado destino: caminhar, praticar esportes, ouvir música, assistir a um filme estão entre algumas dessas práticas para protelar o encaminhamento da "reciclagem" até o momento oportuno.

Esse adiamento das providências pode transformar uma situação de risco de ruptura com quem estamos em desacordo em uma insuspeitada oportunidade de reatarmos um vínculo que nos seria grato preservar.

Quando chega o momento de reciclarmos o lixo psíquico acumulado no campo relacional, paute-se pela autenticidade o modo de fazê-lo, mas sempre recordando que os conteúdos devem se apresentar sob uma forma adequada, que não desqualifique ou magoe, desnecessária e antioperativamente, o interlocutor. E então, mais do que nunca, agrega seu valor a sabedoria implícita na etimologia da expressão "conversar" (*cum* – juntos; *versare* – mudar): a conversa só é tal quando "mudamos juntos", ou seja, con+versar implica que ambos saiam da experiência transformados pelo que foi dito pelo interlocutor. Em caso contrário, não ocorreu uma conversa, apenas um monólogo a dois.

Como vemos, a reciclagem do lixo psíquico passa inevitavelmente pelo aprimoramento de nossos recursos de comunicação e pela utilização de nossa inteligência relacional.

A noção de que devemos estar capacitados para a reciclagem de nosso lixo psíquico não é uma fórmula a ser aplicada em determinadas circunstâncias, mas algo a ser inserido em nossos projetos de vida, tanto quanto deve ser nosso cuidado com o ambiente que nos cerca, se quisermos preservar a existência humana sobre o planeta.

Essa capacitação, para a qual a psicologia grupal nos proporciona elementos, passa pelo prazer da convivência e pela prática da solidariedade. Os grupos aos quais pertencemos, desde a família às equipes de trabalho, são espaços privilegiados para exercitarmos nossas aptidões na reciclagem do lixo psíquico que nos aflige. Só assim estaremos assegurando uma ambiência preservada para seguirmos nela cultivando o espírito gregário que identifica a condição humana.

Por tudo que vimos anteriormente pode-se inferir que o espaço grupal é o adequado para se proporem modalidades de cuidados com os cuidadores. Ainda que a proposta manifesta não seja a de uma grupoterapia propriamente dita, são inegáveis os benefícios de ordem terapêutica proporcionados aos que participam de atividades grupais voltadas à reciclagem do lixo psíquico acumulado na atividade cuidadora. Vejamos algumas dessas abordagens que foram incorporadas à nossa práxis grupal, tomando-se como referência os prestadores de cuidados profissionais na área de saúde, com quem inicialmente desenvolvemos tais procedimentos, para depois aplicá-los a outras categorias de cuidadores, como os da área educacional.

PROGRAMAS DE ATENÇÃO CONTINUADA EM GRUPOS DE ELABORAÇÃO

Os programas de atenção continuada em grupos de elaboração consistem em reuniões de grupos de profissionais da área da saúde, em regime de *face-to-face groups*, de periodicidade e duração variáveis, conforme as conveniências e necessidades dos interessados. Nessas reuniões são trazidas situações vivenciadas geradoras de estresse no relacionamento com pacientes e seus familiares, com participantes do próprio grupo ou com outros colegas do local de trabalho, bem como com as instâncias administrativas onde exercem suas atividades profissionais. Os recursos técnicos utilizados para abordar as problemáticas trazidas pelos participantes incluem desde o simples relato oral e a prática reflexiva até a utilização de *role-playings* e interconsultorias.

Nessa modalidade de cuidado com os cuidadores, nosso propósito é proporcionar-lhes um espaço onde possam reciclar seu (lixo psíquico) em uma ambiência adequada, e onde, por sua inclusão como parte da rotina de trabalho de seus participantes (daí a denominação "atenção continuada"), eles encontrem uma oportunidade reiterada de aprendizagem de como lidar com a sobrecarga emocional decorrente da natureza de seus ofícios.

Esses programas de atenção continuada em grupos de elaboração não têm, contudo, duração indeterminada: podem ser contratados por períodos de tempo renováveis enquanto o grupo entenda que lhes sejam úteis ou até que seus participantes adquiram as ferramentas operacionais que lhes permitam realizar, por conta própria, a tarefa grupal, e se transformem, então, em um grupo de ajuda recíproca.

Pensamos que tais programas introduzidos na graduação dos profissionais da área de saúde poderiam se constituir em valiosa contribuição, não apenas para o alívio das tensões a que estão sujeitos os estudantes da mencionada área, como para a aprendizagem do relacionamento com pacientes e seus familiares e com colegas da sua e de profissões afins no contexto de atividades que compartilham. É muito possível que com isso pudéssemos reduzir significativamente não só o grau de sofrimento psíquico dos cuidadores advindo do exercício de suas funções como ainda prevenir a ocorrência de conflitos interpessoais emergentes nas equipes e nas instituições em que desenvolvem seu trabalho.

Geralmente trabalhamos com grupos que já vêm atuando como equipes interdisciplinares e que solicitam nossa intervenção com um foco bem-definido. Por exemplo, profissionais do setor de oncologia de determinado hospital buscam ajuda para melhor suportar e aprender a lidar com as ansiedades decorrentes do trabalho com pacientes terminais. Ou uma equipe recentemente constituída para desenvolver uma nova modalidade assistencial em uma instituição prestadora de serviços na área médica encontra dificuldades para ajustar profissionais de distintas procedências em um projeto compartilhado e seu objetivo primordial é aprender como conviver com as diferenças de enfoques e técnicas empregadas. Ou, ainda, profissionais de disciplinas com fronteiras maldefinidas que querem estabelecer parâmetros éticos e técnicos que permitam aparar as arestas de um relacionamento conflituoso em função da rivalidade exacerbada pela disputa de fatias do mercado de trabalho. Como podemos perceber, nas situações mencionadas estão presentes os ingredientes estressores e que levam ao acúmulo de lixo psíquico por parte dos componentes dessas equipes.

Em outras circunstâncias, recebemos essa solicitação para uma ação preventiva em equipes ainda em formação, mas cujos participantes, seja por experiências prévias em outros grupos de trabalho na área de saúde, seja por já terem se beneficiado de ajuda psicoterápica anterior, estão cônscios da natureza ansiogênica das interações em ambientes saturados de sofrimento físico e psicológico.

Interconsultorias vivenciais

A linha de intervenção de interconsultorias vivenciais tanto pode ser desenvolvida como uma atividade autônoma como fazer parte integrante dos grupos de elaboração ou dos laboratórios de relações interpessoais que mencionaremos logo a seguir.

Trata-se de um exercício grupal em que um dos participantes, o consultado, relata uma situação de trabalho que o tenha sobrecarregado emocionalmente, seja pela condição mórbida do paciente-alvo de seus cuidados, seja pelas dificuldades em lidar com os familiares de pacientes, ou ainda por desentendimentos com colegas de equipe ou outros profissionais no âmbito da instituição em que trabalha.

Outro participante funciona como consultor, procurando auxiliá-lo a visualizar, sob diferentes perspectivas, a situação que o perturba, bem como a ensaiar distintas maneiras de lidar com ela. Em outras ocasiões, os papéis alternam-se, e quem foi consultado desempenha o papel de consultor.

A proposta não é que o consultor diga o que faria em tal situação ou "prescreva" soluções que lhe ocorram, mas que auxilie o consultado a achar seus próprios caminhos para lidar de uma forma diferente e mais operativa com o que o perturba.

O consultor é instruído a não sugerir soluções que lhe ocorram, por mais pertinentes que lhe possam parecer, e sim a incentivar o consultado a procurar seus próprios e novos caminhos para encontrar saídas. Não é, portanto, o consultor oferecer ao consultado o que pensa que deva ser feito (e que a prática demonstra que não é eficaz), mas colocar-se no lugar do consultado na situação apresentada e tentar ajudá-lo a mobilizar seus próprios recursos para sair de seus impasses. A proposta é trabalhar para que uma situação que muitas vezes parece dilemática e afunila-se em um impasse possa transformar-se em uma situação dialética, em que o consultado possa dialogar com o consultor (e depois consigo mesmo) e buscar alternativas para reduzir o campo tensional subjacente ao tema trazido à interconsultoria.

Enquanto isso, outros participantes funcionam como observadores, tanto da interação entre consultor e consultado como do desenrolar do processo da consultoria.

Em uma ocasião posterior, repete-se o exercício, alternando-se os papéis: quem foi o consultado agora poderá ser o consultor ou um dos observadores, e, por sua vez, o consultor poderá ser o consultado ou um dos observadores, de tal forma que todos tenham a oportunidade de exercer distintos papéis e assim trocar suas experiências no manejo de situações estressantes usuais e muitas vezes compartilhadas no seu cotidiano profissional.

Ao coordenador do processo cabe estabelecer as coordenadas de tempo e espaço para o exercício, além de funcionar como a memória retroalimentadora da experiência e fazer ao final, a síntese do que presenciou. Ele deve também ter o cuidado de manter-se na mesma posição de abstenção proposta aos consultores, ou seja, não oferecer soluções ao problema trazido. Seu objetivo é estimular os participantes a buscar formas de reciclar seu lixo psíquico a partir de sua própria competência relacional. Ele deve, além disso, procurar manter um espaço continente onde todos se sintam predispostos a intercambiar vivências ansiogênicas de seu dia-a-dia profissional, bem como a refletir prospectivamente sobre formas de mitigá-las e promover as mudanças necessárias para atenuar sua reincidência futura.

Laboratórios de relações interpessoais

Os laboratórios de relações interpessoais são encontros intensivos de fins de semana com propósitos similares aos das opções já referidas e que eventualmente se oportunizam pelo desejo dos cuidadores de, a curto prazo e em caráter emergencial, resolverem situações agudas de acúmulo de lixo psíquico em sua práxis profissional.

Tais laboratórios podem, contudo, ser solicitados por razões bem distintas, tais como as dimensões do grupo a ser atendido. Neste caso, há necessidade de se considerar a fragmentação em pequenos subgrupos (sempre com as características dos *face-to-face groups*) e proporem-se atividades intergrupais que possam potencializar os resultados buscados. Em tais circunstâncias, a formatação do laboratório permite obterem-se esses valores agregados ao trabalho com grupos maiores.

As metodologias utilizadas são em tudo idênticas às já enunciadas e são consensualizadas com os participantes.

Como tais laboratórios não se cingem, contudo, à sua aplicabilidade nos cuidados com os cuidadores, abriremos um tópico à parte para deles tratar mais detidamente.

17
Laboratórios de relações interpessoais

Os laboratórios de relações interpessoais são espaços de convivência grupal em que se exercitam práticas interativas que visam, primordialmente, a mudar pautas estereotipadas de relacionamentos interpessoais.

Mesmo que a maior parte dos laboratórios não tenham propósitos explicitamente terapêuticos, são inegáveis os benefícios dessa natureza que aportam a seus participantes. Como afirmava Pichon-Rivière, ao estabelecer analogias entre as funções pedagógicas e terapêuticas, quando estamos aprendendo, estamos abandonando outras maneiras de ver o mundo ou a realidade, e os propósitos de uma terapia são justamente que os pacientes abandonem suas maneiras estereotipadas e dilemáticas de lidar com suas questões existenciais.

Para o grupo familiar, criamos uma modalidade de atendimento que emprega a metodologia dos laboratórios, e que passamos a descrever.

Em princípio, tais laboratórios objetivavam proporcionar um enquadre no qual pudéssemos melhor investigar e compreender as peculiaridades de novas estruturas familiares emergentes no contexto sociocultural do mundo ocidental contemporâneo: as chamadas famílias reconstituídas a partir de casais provindos de casamentos anteriores e que haviam tido filhos nesses casamentos.

A demanda inicial para esse atendimento veio de escolas cujos dirigentes e professores viram-se diante de situações inusitadas no seu cotidiano pedagógico com filhos de pais separados. Ao mesmo tempo, os pais solicitavam-lhes auxílios com situações familiares para as quais não se sentiam preparados pela falta de modelos de referência nas suas próprias famílias de origem.

Casais que reconstroem suas famílias em novos relacionamentos afetivos estão impossibilitados de recorrer aos modelos das gerações anteriores para pautarem seu comportamento familiar, uma vez que esta é uma experiência habitualmente não vivenciada por seus pais ou avós. Por isso, eles carecem de referenciais que lhes permitam incorporar formas consensuais de lidar com as novas configurações vinculares emergentes nessas recomposições familiares.

Para preencher essa lacuna, que obviamente afeta o desempenho e o bem-estar desses casais em suas reconstruções familiares, bem como dos filhos que trazem de casamentos anteriores, propomos uma atividade, que denominamos "laboratório de relações humanas na família". Ela visa, primordialmente, a abrir um espaço para repensar as vicissitudes desses novos agrupamentos familiares que estão se tornando cada vez mais freqüentes, e, além disso, gradativamente mais diferenciados e polimorfos.

A denominação "laboratório" privilegia o caráter experimental da abordagem proposta, em que, respeitando-se a natureza empírica do processo, haja espaço para a pesquisa de soluções alternativas a partir do intercâmbio de experiências e de informações entre os participantes.

A quem coordena o laboratório caberia motivar os participantes a questionar, antes buscar respostas prontas, e a conviver com as dúvidas que permeiam todo encontro com o desconhecido, estimulando-os a romper com os estereótipos de um conhecimento que se mostra ultrapassado e antioperativo quando o tentamos aplicar a modalidades de convívio familiar sem precedentes.

O laboratório não pertence nem ao campo terapêutico nem ao pedagógico: é, portanto, uma nova proposta de abordagem grupal que, embora possa ter aspectos terapêuticos ou pedagógicos, não se enquadra em nenhuma dessas categorias operativas.

No curso de seu processo, o laboratório procura não só ativar a criatividade dos participantes para que encontrem novos paradigmas de convívio familiar, mas busca igualmente ativar-se para criar sua própria e original categoria operativa.

Ele poderá se apresentar sob distintas modalidades funcionais, entre as quais mencionaremos três que consideramos prototípicas:
1) encontros semanais ou quinzenais com grupos constituídos de três ou quatro casais que estejam reconstruindo famílias;
2) encontros semanais ou quinzenais com membros de uma família em processo de reconstrução;
3) encontros de fins de semana com pais e filhos de diferentes famílias reconstruídas ou em reconstrução.

O principal objetivo do laboratório é propiciar a seus participantes um espaço de reflexão conjunta sobre as interações familiares e suas vicissitudes no contexto dessas novas estruturas familiares.

Além da discussão livre de situações trazidas pelos participantes, eventualmente são utilizados – e na medida da demanda feita pelos próprios participantes – recursos audiovisuais para ilustrar determinada situação que se pretende explorar e compreender melhor. Por exemplo, com a exibição e posterior discussão conjunta de filmes em vídeo que apresentam temática relacionada com questões suscitadas em encontros anteriores, ou ainda com leituras compartidas de textos técnicos ou ficcionais que ampliem o universo cognitivo dos participantes em relação às vivências familiares.

Na modalidade ampliada do laboratório – encontros de fim de semana com membros de várias famílias em situação similar – pode-se convidar um especialista em determinado setor vinculado à temática do laboratório, como um advogado da área de direito de família, para esclarecer dúvidas dos cônjuges e de seus filhos sobre aspectos legais que regulam sua atual situação familiar face às anteriores. Tais profissionais poderão participar da experiência do laboratório também na condição de pesquisadores, para nele colherem subsídios para posterior aprimoramento da tarefa jurídica na análise dos direitos e deveres no âmbito familiar.

Enfim, o laboratório é um instrumento de aprendizagem para todos que nele se incluem, seja na condição de coordenadores, de membros participantes ou de eventuais colaboradores.

Em um certo sentido, as famílias hoje de uma forma ou de outra estão tendo de se reciclar face às profundas transformações nos valores morais e na práxis interativa da sociedade contemporânea. Não seria de todo indevida, portanto, a afirmação de que as famílias em geral estão em reconstrução, e o laboratório, enquanto categoria operacional, seria um espaço privilegiado para analisar, compreender e propor soluções alternativas para as questões existenciais das famílias de hoje.

A função dos coordenadores – que prefiro simplesmente chamar de facilitadores do processo – não é nem pedagógica nem terapêutica, uma vez que eles não se propõem a ministrar conhecimentos nem a fazer intervenções ou interpretações em cima do material aportado pelos participantes. Sua função é basicamente estimular as interações, mediar opiniões conflitantes e constituir-se na memória viva dos acontecimentos vivenciados no laboratório a fim de que ela possa ser evocada sempre que for necessário para consolidar os resultados obtidos.

LABORATÓRIOS TERAPÊUTICOS PROPRIAMENTE DITOS

Deve-se fazer menção ainda a certos laboratórios cuja metodologia está a serviço de objetivos explicitamente terapêuticos, como os desenvolvidos em nosso meio por Francisco Baptista Neto*. Nesses laboratórios, pacientes em processos grupoterápicos em grupos diferentes são mesclados entre si e com pacientes de psicoterapias individuais. Um outro terapeuta convidado para, em conjunto com o responsável pelos atendimentos em questão, participar da condução do laboratório.

O objetivo é proporcionar aos participantes a quebra dos estereótipos que acabam se estabelecendo no convívio intra-grupal com um mesmo terapeuta coordenando o processo. Entende-se que a experiência de compartilhar com membros de distintos grupos e com a participação de outro terapeuta enriqueça a vivência psicoterápica de todos, permitindo que, no retorno a suas terapias de origem, eles possam integrar sentimentos e percepções que estavam menos evidentes até o momento do laboratório.

---

* Ver capítulo escrito pelo autor no livro *Como trabalhamos com grupos*, de Zimerman e Osorio, publicado pela Artmed, 1997.

PARTE V
Um olhar prospectivo

18
Avaliação de resultados em grupoterapias

Não obstante a grupoterapia analítica ter sido introduzida no Brasil há mais de 50 anos, e desde então outras modalidades de atendimento grupal terem aparecido e se desenvolvido entre nós, temos uma significativa carência de estudos que se proponham a avaliar seus resultados. Ao que parece, a primeira tentativa de fazê-lo foi a de David Zimmermann, em um trabalho apresentado no IV Congresso Internacional de Psicoterapia de Grupo em Viena (1968) e publicada no ano seguinte como capítulo de seu livro *Estudios de psicoterapia analítica de grupo* (1969), cuja edição original foi em espanhol e publicada na Argentina. Nesse relato, o autor apresenta os resultados de sua experiência de 15 anos com a grupanálise de grupos heterogêneos, com uma casuística de 110 pacientes.

Tanto quanto é de nosso conhecimento, não houve outra avaliação similar até a que apresentamos como capítulo do livro *Grupos: teorias e práticas*, publicado pela Artmed em 2000 e atualmente esgotado. Nesse relato apresentamos a avaliação dos resultados em 180 pacientes atendidos ao longo de 25 anos de prática grupoterápica com grupos heterogêneos. Pela escassez de estudos similares em nosso meio, entendemos que seria útil reproduzi-lo na íntegra e tal qual foi publicado anteriormente.

GRUPOTERAPIA ANALÍTICA: AVALIAÇÃO DOS RESULTADOS EM 25 ANOS DE EXPERIÊNCIA (1970-1995)

Introdução

Apresentaremos a seguir uma avaliação dos resultados obtidos em 25 anos de experiência com grupoterapia analítica. Desde logo fique explicitado que tal avaliação é de cunho eminentemente subjetivo. Para elaborá-la, partimos de informações dos próprios pacientes, de sentimentos contratransferenciais do terapeuta e daquilo que se poderia chamar de "consenso grupal" quanto às condições de determinado paciente por ocasião de sua saída do grupo. Portanto, esta avaliação não se sustenta, predominantemente, em elementos psicopatológicos, conquanto sempre os houvéssemos tomado em conta ao categorizar os resultados.

Dados gerais sobre os pacientes, a estrutura e o funcionamento dos grupos. Critérios de seleção e agrupamento de pacientes.

De um universo de 202 pacientes, atendidos na modalidade grupoterápica, selecionamos para o presente estudo 182. Os 20 restantes não foram incluídos por falta de registro de suas condições de saída dos grupos.

Esses pacientes foram atendidos em clínica privada. A distribuição por sexos é a seguinte: homens – 72 e mulheres – 110. A faixa etária estende-se dos 15 aos 45 anos, sendo que a maior parte dos pacientes situava-se, por ocasião do atendimento, na terceira década da vida (20 a 30 anos).

Os pacientes foram atendidos em grupos mistos quanto ao sexo, de seis a oito participantes, com sessões de 60 a 75 minutos de duração e na freqüência de duas sessões semanais.

Os grupos eram abertos, ou seja, as vagas por interrupção ou alta eram preenchidas por novos pacientes. A seleção e o agrupamento obedeciam predominantemente ao chamado critério contratransferencial, glosado no conhecido aforismo de Anthony (1968) – "cada terapeuta tem o grupo que merece" –, procurando-se diversificar o máximo possível os participantes quanto às suas estruturas caracterológicas, de tal sorte que houvesse certa heterogeneidade no que diz respeito ao seu perfil psicológico.

No que diz respeito à faixa etária dos componentes de um mesmo grupo, ela não variava além de 10 anos de diferença entre o mais velho e o mais jovem membro do grupo, o que me parece, hoje, um critério no mínimo questionável de agrupamento, pois não privilegia, como penso que se deveria fazer, a realidade vivencial dos pacientes fora dos consultórios, onde convivem com pessoas de distintas idades, e esse é um fator de enriquecimento pessoal e de aprendizado interacional. Se optei por trabalhar com pacientes de uma mesma faixa etária em cada grupo foi pela experiência inicial com pacientes púberes, que por óbvias razões sentem muitas dificuldades em se agrupar com indivíduos da geração precedente. Penso, contudo, que adolescentes tardios são vantajosamente agrupáveis com pacientes de outras faixas etárias, inclusive com pessoas de meia-idade.

Feita essa breve digressão de cunho técnico, voltemos a considerar outros aspectos involucrados em nossa experiência e que certamente influíram nos resultados obtidos. Refiro-me, neste instante, ao diagnóstico dos pacientes, que percorre um largo espectro, que vai desde crises de identidade adolescente a transtornos de conduta característicos das personalidades sociopáticas e que inclui desde reações transitórias de desajuste emocional a quadros limítrofes de situações psicóticas.

Embora reconheça que certos quadros psicopatológicos são contra-indicados para a abordagem grupoterápica (entre eles pacientes com marcados traços paranóides, conduta anti-social manifesta e psicóticos em surto ou com significativa perda de contato com a realidade), continuamos com a impressão prevalente de que o critério contratransferencial e a avaliação da "grupalidade" (termo usado aqui analogicamente a "analisabilidade") do paciente são os elementos mais relevantes para uma adequada indicação de grupoterapia analítica e, conseqüentemente, para melhores resultados psicoterápicos.

Ressalve-se, contudo, que, para determinadas situações clínicas com acentuadas repercussões no convívio ou na aceitação social (tais como pacientes com transtornos psicossomáticos, portadores de deficiências físicas ou egressos de cirurgias mutiladoras), conquanto a abordagem grupoterápica seja altamente recomendável, sempre o será na modalidade de grupos homogêneos.

Vejamos agora o que entendemos por critério contratransferencial e por grupalidade.

O critério contratransferencial fundamenta-se no que denominaria balanceamento empático, em que o terapeuta funciona como o fiel de uma hipotética balança em cujos pratos colocam-se respectivamente o paciente e o grupo. Caso a percepção intuitiva do terapeuta registre uma correspondência entre as motivações do paciente, de um lado, e as potencialidades do grupo para satisfazê-las, de outro, então se pode dizer que há condições para o estabelecimento, entre as partes incluídas no processo, de um satisfatório vínculo para o trabalho grupoterápico.

E por grupalidade, o que se entende? Em nosso entender, ela consiste em:
1) motivação para o trabalho em grupo;
2) menor resistência à abordagem grupal do que à individual dos conflitos subjacentes à busca de terapia;
3) disposição para estabelecer vínculos e processos de identificação cruzada com eventuais parceiros na vida social e/ou profissional;
4) percepção adequada dos limites entre o eu e o outro;
5) maior espontaneidade e menor constrangimento em situações grupais do que em relações duais.

Tendo presentes, esses elementos sobre os critérios de seleção e agrupamento dos pacientes, bem como os dados genéricos sobre a estrutura e funcionamento dos grupos em que os atendemos, passemos à avaliação dos resultados obtidos.

Resultados

Classificamos o término do processo grupal dos pacientes em três diferentes categorias e subgrupos:
1. Alta por interrupção:
   a) justificada (transferência de cidade, incompatibilidade de horários, oposição de familiares dos quais dependem, óbito, dificuldades financeiras para manter o atendimento e outros impedimentos de natureza similar)
   b) abandono
2. Alta por transferência para outras modalidades psicoterápicas:
   a) para psicoterapia analítica individual
   b) para análise individual
   c) para análise formativa (didática)
3. Alta consensual, isto é, por desejo do paciente, anuência do terapeuta e consenso grupal. As condições por ocasião da alta foram, por sua vez, categorizadas como segue:
   a) sem melhoras significativas (o)
   b) com escassas melhoras (+)
   c) com melhoras sintomáticas e com os objetivos do paciente ao ingressar no grupo parcialmente alcançados (++)
   d) assintomático e com os objetivos do paciente ao ingressar no grupo plenamente alcançados, bem como com significativos progressos no relacionamento com os outros e consigo mesmo (+++)

Estes resultados estão expressos na tabela sinótica a seguir:

Altas condições de saída	Interrupções justificadas	Interrupções abandonos	Tranferências para psicoterapia individual	Transferências para análise individual	Transferências para análise didática	Altas consensuais	Totais
0	8	37	5	0	0	0	50
+	16	38	8	2	1	6	71
++	2*	0	9	6	3	27	47
+++	0	0	0	0	0	12	12
Totais	26	75**	22	8	4	42	180

* 1 por óbito durante o atendimento (morte por acidente não provocado pelo paciente).
** Dos 75 abandonos ocorrido, 56 foram na faixa etária adolescente e mais de 90% ocorreram nos primeiros 10 anos de minha experiência como grupoterapeuta.

Comentários finais

Nos últimos 15 anos, o número de abandonos reduziu-se consideravelmente, em parte devido a uma maior experiência na condução dos grupos, em parte por uma melhor seleção e agrupamento dos pacientes.

Observe-se, ainda, que, mesmo entre os abandonos, cerca de 50% dos pacientes saíram com algumas melhoras, em um prazo médio de três a seis meses de permanência no grupo.

Não obstante as ressalvas feitas, a análise do quadro apresentado evidencia resultados apenas discretos com esta modalidade psicoterápica, o que em nosso entender deve-se, sobretudo, a razões já apontadas e reiteradamente enfatizadas: as limitações da transposição do método analítico originalmente concebido para a situação dual terapeuta-paciente para a situação grupal. À medida que fomos introduzindo modificações em nossa abordagem grupanalítica, para adequá-la à dinâmica do contexto grupal em suas singularidades, e passamos a visualizar o processo grupal não mais tão somente sob a perspectiva do referencial da psicanálise, mas também por meio do enfoque sistêmico, valorizando a vertente retroalimentadora das interações grupais, pareceu-nos que se ampliaram os potenciais terapêuticos da abordagem grupal. Isso é algo a ser conferido na experiência futura não só do autor como de outros grupoterapeutas que, porventura, compartilharem dessa visão plurirreferencial.

TERAPIA DE CASAIS: AVALIAÇÃO DOS RESULTADOS EM 25 ANOS DE EXPERIÊNCIA (1980-2005)

Seguindo com o propósito de preencher lacunas nos estudos avaliativos dos atendimentos grupoterápicos, propomo-nos agora a apresentar os resultados de nossa experiência com casais ao longo de 25 anos. Nesse período atendemos mais de 200 casais, mas optamos por apresentar resultados correspondentes àqueles casais dos quais possuíssemos um *follow-up* de pelo menos dois anos. Com isso reduziu-se significativamente a amostragem apresentada, mas cremos que ela é mais fidedigna assim. Estaremos, pois, apresentando a seguir os resultados com a psicoterapia de casais, utilizando o modelo trirreferencial (psicanalítico, psicodramático, sistêmico) mencionado anteriormente.

Da mesma forma que a avaliação apresentada no tópico anterior, esta talvez se ressinta da falta de um maior rigor científico e de objetividade na tabulação dos dados, mas ainda assim cremos que ela se justifique pelo estímulo que possa trazer aos grupoterapeutas em atividade em nosso meio para que apresentem os resultados de sua prática clínica e com isso aumentem a casuística disponível. Por outro lado, acreditamos que as conclusões apresentadas traduzem, com razoável fidedignidade, o que se apresenta em nossa práxis com casais.

Optamos por subdividir em quatro categorias os resultados obtidos pelos casais considerados, após dois anos de seu atendimento:
1) com mudanças significativas nas pautas de relacionamento;
2) com obtenção de *insight* sobre as situações determinantes de seus conflitos por parte de um ou de ambos os membros do casal;
3) com a resolução de impasses no seu relacionamento com a decisão de se separarem;
4) sem qualquer mudança aparente em relação à condição em que procuraram a terapia.

Dos 36 casais avaliados, essa foi sua distribuição nas categorias sugeridas:
- com mudanças significativas nas pautas de relacionamento – 9 casais;
- com obtenção de *insight* sobre as situações determinantes de seus conflitos por parte de um ou ambos os membros do casal – 13 casais;
- com a resolução de impasses no seu relacionamento com a decisão de se separarem – 6 casais;
- sem qualquer mudança aparente em relação à condição em que procuraram a terapia – 8 casais.

Se considerarmos que as três primeiras categorias sinalizam melhoria ou menor grau de sofrimento para os membros do casal em relação a quando procuraram o atendimento, temos como eficaz a psicoterapia em mais de 75% dos casais que atendemos, após dois anos de acompanhamento, o que por si só nos parece justificar a ajuda pretendida com essa modalidade grupoterápica.

19
Grupoterapeutas: com que "formação" (ou aprendizagem)?

"FORMAÇÃO" OU APRENDIZAGEM?

A expressão "formação", referindo-se ao treinamento e à especialização de profissionais da área "psi", surgiu com a psicanálise, a partir do modelo tripartite (análise pessoal, supervisão e seminários teóricos) criado por Eitington a pedido de Freud. Essa expressão, consagrada pelo uso, estendeu-se a outras áreas e sistemas teóricos, e hoje identifica especializações distintas tais como a "formação" em psicodrama psicanalítico, *Gestalt*-terapia, dinâmica de grupo, terapia familiar sistêmica, grupoterapias, etc.

Como não julgo inocente a escolha das palavras para identificar aquilo a que se propõem, penso que a opção, no caso presente, trai a intenção precípua de quem a propôs ou adota: caracterizar um processo de ensino calcado na idéia de "pôr em uma forma desejável e preconcebida" os desígnios profissionais dos discípulos dessas correntes ou escolas psicoterápicas, consoante postulação e interesses de seus mestres. Por discordar dessa postura, optei por utilizar a expressão "referenciação" para caracterizar o processo de aprendizagem que preconizo e proponho nos cursos de capacitação ou especialização que ministro. Seu objetivo primordial é apresentar os marcos referenciais teóricos preexistentes que possam balizar ou guiar o trabalho com grupos; deixar os alunos livres para escolher os que lhes pareçam mais adequados para preencher suas expectativas pessoais quanto à orientação que possam lhes fornecer; e estimulá-los a buscar um caminho próprio que evite adesões acríticas ao pensamento alheio e que se alicerce antes na criatividade que exercitem do que na imitação a que se habituem.

Diria ainda – sob a égide da origem das palavras – que nosso propósito não é ensinar (*in* + *signo*: pôr a marca em alguém) e sim educar (*e* + *ducare*: conduzir para fora o conhecimento em potencial existente em cada educando).

Esta é nossa posição ideológica no que diz respeito à tarefa de educar as novas gerações de grupoterapeutas. Ela se pauta pela flexibilidade e pela inclinação a constantes transformações e aperfeiçoamentos, para absorver o que a evolução das idéias e nossa própria experiência propiciem. Esta postura de não dogmatizar e não rejeitar o conhecimento alheio pelo simples fato de o desconhecermos implica, ainda, a construção de interfaces com outras abordagens com as quais não estejamos familiarizados para disponibilizá-las a nossos educandos.

SUPERVISÃO OU INTERVISÃO?

Mais uma vez estamos às voltas com o significado das expressões e a conotação que emprestam ao que pretendem conceituar.

A supervisão, como a etimologia do termo sugere, pressupõe a existência de um profissional mais experiente que lance um olhar sobre o trabalho de seu colega – menos experiente e geralmente mais jovem – para orientá-lo paternalisticamente nos meandros da prática profissional em questão.

O termo "supervisão" denota uma postura hierarquizante, ao colocar quem supervisiona como detentor de um suposto saber que irá transferir ao aprendiz do ofício mediante a prática do trabalho supervisionado. Ora, na verdade o que se oferece na condição de supervisor é apenas um outro olhar, com o distanciamento crítico (vantagem), mas sem a "presencialização" (desvantagem) da experiência clínica vivenciada. Por isso preferimos chamar de intervisão o trabalho compartilhado de examinar-se o que se passou na sessão terapêutica. O "supervisionado" conta com o benefício da vivência experimentada e o dito "supervisor", com o da experiência acumulada (mas nem sempre extrapolável para a situação em tela) e da observação externa supostamente isenta.

Por se tratar de termo consagrado pelo uso, feitas as ressalvas acima, passamos a utilizar a expressão "supervisão" para identificar esse procedimento no texto que segue.

A aprendizagem por meio do trabalho supervisionado (ou intervisionado) é talvez a mais antiga forma de transmissão de conhecimentos. Com um pouco de imaginação, podemos situar seu surgimento no estágio tribal do processo civilizatório, em que os mais velhos supervisionavam os mais jovens na aprendizagem de formas rudimentares de sobrevivência por meio da caça, pesca e da obtenção de elementos nutritivos do reino vegetal. Foi durante a Idade Média, porém, que esta modalidade de aprendizagem institucionalizou-se com a dinâmica peculiar à relação do mestre-de-ofício com seus aprendizes.

No campo das ciências psicológicas, como vimos, foi a psicanálise que introduziu, em sua práxis formativa, a supervisão como um dos pilares do treinamento de novos psicanalistas.

Como a supervisão da prática psicoterápica se originou do modelo de treinamento psicanalítico, não seria estranhável que ela se apoiasse na relação dual supervisor-supervisionado e privilegiasse o relato verbal das sessões. No entanto, em relação a grupos – como se verá adiante – esse modelo obsolesceu e se tornou insuficiente para a desejável transmissão de conhecimentos. Novas, mais adequadas e mais eficientes maneiras de realizar a aprendizagem supervisionada surgiram no universo das práticas grupais.

As distintas técnicas de supervisão atualmente empregadas em grupoterapia estão estreitamente vinculadas a suas modalidades, e por isso serão apresentadas no contexto de cada uma dessas modalidades.

MODALIDADES DE ATENDIMENTO GRUPAL: SUAS PECULIARIDADES E CORRESPONDENTES TÉCNICAS DE SUPERVISÃO

É tarefa bastante complexa tentar qualquer forma de sistematização das distintas modalidades de atendimento grupal: ora podemos referi-las às linhas teóricas que lhes dão sustentação (psicanálise, psicodrama, teoria dos vínculos, teoria dos sistemas, etc.), ora à faixa etária que tem como alvo (crianças, adolescentes, idosos), ora à tipologia da condição mórbida (pacientes psicossomáticos, terminais, drogaditos, psicóticos), ora ao contexto grupal (casais, famílias, grupos homo ou heterogêneos), e assim por diante. Como se vê, não é fácil. Optou-se, então, por referir apenas aquelas modalidades grupais que deram origem aos modelos de supervisão (intervisão) prevalentes nos dias atuais no campo das grupoterapias em geral.

PSICOTERAPIA ANALÍTICA DE GRUPO (GRUPANÁLISE)

Se nos ocupamos dela inicialmente é porque cronologicamente a psicanálise foi o primeiro marco referencial teórico para o estudo e compreensão dos agrupamentos humanos, visando instrumentar seu atendimento. Embora, a rigor, o psicodrama a tenha antecedido como método de abordagem grupal, não a precedeu como estrutura conceitual a partir da qual se pudesse entender os mecanismos grupais e pressupor uma ação psicoterápica sobre os indivíduos que compõem o grupo.

Como a imensa maioria dos que praticam a psicoterapia analítica de grupo, em nosso meio, possui treinamento prévio em psicanálise, sua práxis clínica é supervisionada segundo os cânones da supervisão psicanalítica, em que o supervisionado traz o relato verbal ou por escrito das sessões e o supervisor discute com ele aspectos da compreensão dinâmica do grupo, da técnica empregada, da adequação das interpretações e do manejo dos sentimentos transferenciais e contratransferenciais. Pode-se daí inferir quantas omissões e distorções ocorrem em relação ao acontecido na sessão, consciente ou inconscientemente determinadas, o que compromete a finalidade da supervisão.

A primeira geração de psicoterapeutas de grupo de orientação psicanalítica no país (década de 1950 e no início da década de 1960), como sói acontecer com os pioneiros, foi de formação basicamente auto-didática, embora alguns tenham recebido treinamento não sistematizado em outros centros. A segunda geração (de meados das décadas de 1960 e 1970), ainda que na aquisição dos conhecimentos teóricos continuasse em moldes predominantemente autodidáticos, pôde enriquecer suas vivências grupais, seja como pacientes de grupos analíticos de colegas da geração precedente, seja como seus supervisionados. A par disso, a experiência nas instituições psiquiátricas, cada vez mais impregnadas pelas técnicas ambientoterápicas, forneceu-lhe subsídios apreciáveis para a familiarização com o atendimento de indivíduos em grupo. A terceira geração, a partir dos anos de 1980, além dos elementos de aprendizagem já mencionados, passou a contar com a possibilidade de sistematizar seus conhecimentos teóricos por meio de cursos oferecidos em algumas cidades do país, bem como, mais recentemente, participar do movimento de *aggiornamento* da grupanálise representado pela corrente denominada psicanálise das configurações vinculares, já mencionada.

Por razões que não cabe aqui discutir, não se tornou prática corrente entre nós, a exemplo do que ocorreu em outros centros, o emprego do observador de grupo como um recurso para a aprendizagem em grupoterapia. Embora, a rigor, não se possa considerá-la propriamente como uma forma de supervisão do trabalho grupal, pois seria o supervisor e não o supervisionado que estaria atendendo o grupo, a prática de observar a forma como o grupo está sendo conduzido por um profissional mais experiente foi uma tentativa de incrementar o aprendizado.

Essa variante dos procedimentos tradicionais da formação analítica foi bastante questionada pelo caráter anômalo de se manter no grupo um membro institucionalizado como periférico e não-participante, o que criaria uma distorção da dinâmica grupal e, assim, tornaria bastante discutível o método de aprendizagem em questão. Para alguns, só a inclusão do supervisionado na condição de co-terapeuta, com direito implícito à iniciativa na condução do grupo e sem que se o distinguisse operativamente do supervisor perante o grupo, permitiria que decorresse produtivamente o processo grupal. A co-terapia, ainda que se levando em conta, no caso, a defasagem no nível de experiência dos terapeutas, propiciaria, então, um mais adequado veículo para a aprendizagem supervisionada por respeitar a estrutura e a funcionalidade do grupo.

A supervisão em grupoterapia pressupõe – a par da aprendizagem da técnica a ser utilizada – que seja processada desde a seleção e agrupamento dos pacientes, uma vez que a constituição do grupo é momento crucial para sua viabilização como adequado continente psicoterápico. Há quem afiance que em nenhum outro momento do processo grupal a supervisão tenha papel tão preponderante como nesses instantes prévios a seu funcionamento propriamente dito. É mister, então, aprender a selecionar e agrupar convenientemente os membros do grupo, respeitando não só a compatibilidade dos indivíduos que o comporão como as idiossincrasias contratransferenciais do terapeuta.

Para finalizar essas considerações sobre a supervisão em grupoterapia analítica, consigne-se que, em uma visão prospectiva, essa tarefa está cada vez mais impregnada dos modelos de supervisão empregados em outras formas de atendimento grupal – ainda que timidamente e de forma muitas vezes clandestina já se empregava a gravação em fita cassete das sessões para apresentação posterior ao supervisor. O emprego de outras técnicas – que veremos logo a seguir na apresentação dos modelos de supervisão em terapia familiar sistêmica – ampliou sobremaneira as possibilidades de se acompanhar o atendimento realizado, sem que isso comprometa a utilização do referencial psicanalítico para sustentar a compreensão e o manejo dos grupos. Tais recursos apenas instrumentam a transmissão de conhecimentos e contribuem para desmitificar a figura do supervisor como agente emissor de conhecimentos e detentor do saber institucionalizado, colocando-o em sua real dimensão de mero catalisador do processo de auto-aprendizagem a partir da experiência clínica a ser desenvolvida pelo supervisionado.

PSICODRAMA

O psicodrama, como instrumento psicoterápico, desenvolveu-se a partir do teatro da espontaneidade e do sociodrama morenianos. Alicerça-se na teoria dos papéis, ou seja, no conjunto de posições imaginárias assumidas pelo indivíduo ao longo de sua vida na relação com os demais.

Para Moreno (1985), a psicoterapia grupal é um método para tratar, conscientemente, e na fronteira de uma ciência empírica, as relações interpessoais e os problemas psíquicos dos indivíduos em um grupo.

O método psicodramático usa a representação dramática (a cena) como centro da abordagem dos conflitos humanos; essa representação une a ação à palavra. Daí decorre que o método de supervisão por excelência utilizado na formação e no treinamento dos que o empregam – o *role-playing* – consiste em procedimentos em que o relato verbal da sessão, como ocorre na supervisão psicanalítica, é substituído pela experiência revivenciada do processo grupoterápico através do "jogo de papéis".

Em que consiste o *role-playing*? Muito sumariamente, diríamos que *role-playing* é um "como se" da sessão grupoterápica, em que supervisor e supervisionados (no pressuposto de que a supervisão seja feita em grupo) assumem alternadamente os papéis do terapeuta e de pacientes. Juntos eles compõem as várias alternativas do processo grupoterápico mediante o revivenciar psicodramático por parte do supervisionado responsável pelo atendimento de situações ocorridas durante a sessão (os demais supervisionados funcionam como egos auxiliares da dramatização). Por meio da dramatização também é possível ensaiar passos futuros das sessões vindouras. Assim, não só o *role-playing* serviria para melhor esclarecer o que se passou nas sessões já ocorridas, como ainda possibilitaria a antecipação imaginária dos eventos possíveis ou prováveis no devir grupal, ensejando ao supervisionado o domínio das ansiedades frente ao novo e desconhecido, que tantas vezes o paralisa em sua função como terapeuta.

Ao dramatizar uma sessão já ocorrida, o *role-playing* permite ao supervisionado visualizar sob distintos ângulos de observação o papel que desempenhou e ampliar o enfoque compreensivo do material aportado pelo grupo, por meio da observação especular proporcionada pela rotatividade de papéis inerente à própria natureza desta técnica de aprendizado.

Por outro lado, a representação de uma sessão futura, com o "como se" psicodramático, oferece ao supervisionado a possibilidade de testar previamente suas atitudes e reações frente a eventuais emergentes grupais, assim como lhe permite experimentar as vicissitudes da tarefa sem a sobrecarga ansiogênica da realidade factual.

O caráter experimental desta modalidade de supervisão confere-lhe, analogicamente, a função de retroaprendizagem que a pesquisa enseja a toda e qualquer ação terapêutica. É, portanto, um ativador de nuances e de possibilidades da prática de supervisão.

O *role-playing* mostra-se de extremo valor no treinamento prévio ao início de qualquer grupoterapia; quiçá podemos dizer que equivale à realização de condições simuladas de práticas cirúrgicas antes de efetivá-las nos pacientes.

GRUPOS OPERATIVOS

No Brasil, institucionalizou-se uma prática equivocada de se contrapor o grupo operativo ao grupo analítico, tomando-se este como grupo no qual a ferramenta básica de trabalho do terapeuta é a técnica interpretativa oriunda do método psicanalítico, e aquele como um grupo em que, ainda que empreguemos o referencial psicanalítico para compreender os fenômenos que nele ocorrem, não se utilizam as interpretações transferenciais, consideradas apanágio da psicanálise, nem as que carreguem a intenção de revelar os conteúdos inconscientes do material aportado pelos pacientes do grupo.

Essa leitura equivocada mostrou estar a serviço de uma compartimentalização do poder terapêutico. Os grupos analíticos seriam, nessa concepção, territórios de ação exclusiva dos psicanalistas, e todos os demais grupos coordenados por não-psicanalistas cairiam na vala comum dos grupos ditos operativos. Destarte, só os psicanalistas deteriam o poder de realizar ações psicoterápicas em grupos com o referencial psicanalítico, circunscrevendo-se a ação dos demais à prática nos grupos operativos, entendidos como não-analíticos.

Como assinala Tubert-Oklander (1986)

> grupo operativo não é um termo utilizável para se referir a uma técnica específica de coordenação de grupos, nem a um tipo determinado de grupo em função de seu objetivo, como poderia ser "grupo terapêutico", "grupo de aprendizagem" ou "grupo de discussão", mas se refere a uma forma de pensar e operar em grupos que se pode aplicar à coordenação de diversos tipos de grupos.

Como vimos no capítulo correspondente, os grupos operativos terapêuticos são uma forma híbrida de grupoterapia que se propõe a vincular as noções oriundas da dinâmica de grupo ao referencial psicanalítico. Logo, conforme sugere a observação de Tubert-Oklander, os grupos operativos terapêuticos são uma forma de pensar e de operar o atendimento em grupos com a abordagem interdisciplinar da psicanálise e da dinâmica de grupos.

Ainda citando Tubert-Oklander (1986): "Nos grupos operativos a tarefa interna exige que os membros realizem uma permanente indagação das operações que se realizam no seio do grupo, em função da relação com a tarefa externa, vista como organizadora do processo grupal". Essa atitude de "refletir(se)" sobre a experiência do próprio grupo como grupo é o ponto de partida para os assim chamados *grupos de reflexão*, contribuição da teoria e da técnica dos grupos operativos à aprendizagem supervisionada do trabalho com grupos realizada "em grupo".

Esses grupos, nos quais os supervisionados utilizam como parte do treinamento a própria experiência de participar como membros de um grupo de ensino-aprendizagem, derivam-se dos chamados grupos T (*training groups*), introduzidos a partir de 1949 nos laboratórios sociais de dinâmica de grupo inspirados nas idéias de Kurt Lewin. O aprendizado passou a se centralizar na indagação do que ocorre aos próprios participantes como membros de um grupo de treinamento, revertendo a perspectiva de adestramento, pois já não seria um saber institucionalizado externo ao próprio grupo a fonte de aprendizagem, mas sim os próprios fenômenos intragrupais examinados pelos participantes da experiência, segundo os princípios da pesquisa-ação descritos por Lewin.

Na América Latina, a primeira experiência sistematizada com tal forma de aprendizagem grupal ocorreu em Buenos Aires, a partir dos anos de 1970, conforme descrito por um de seus mentores, Alejo Dellarossa (1979).

Em síntese, os grupos de reflexão oportunizam a aprendizagem das técnicas grupais por meio do próprio grupo de aprendizado involucrado na experiência de treinamento, de tal sorte que a práxis supervisora inclui as vivências do supervisor com seus supervisionados, e destes entre si, como elemento nuclear do processo de aprendizagem. O supervisor estabelece associações e relações de sentido entre o que se passa nas sessões grupoterápicas trazidas à supervisão por seus alunos com o que ocorre no aqui e agora do grupo de supervisão.

Embora seja propósito dos grupos de reflexão lidar com a patologia do processo de transmissão-aquisição de conhecimentos, mediante a elaboração das ansiedades inerentes ao processo de aprendizagem e às relações interpessoais que nele ocorrem, está interditada pela natureza do método qualquer utilização do material emergente nesses grupos para assinalamentos ou interpretações que se dirijam à vida privada dos participantes.

Os grupos de reflexão têm como finalidade precípua desenvolver as habilidades dos participantes de "pensar" o próprio grupo a partir de uma experiência compartilhada de aprendizagem, mantendo-se, contudo, uma cuidadosa discriminação entre a proposta de utilizar os sentimentos emergentes no grupo para compreender os fenômenos grupais e qualquer intenção de cunho psicoterápico dirigida a seus membros. Se, como afirmava Pichon-Rivière, terapia e aprendizagem são equivalentes na teoria, na prática utilizar-se do processo de aprendizagem com finalidades terapêuticas compromete a eficiência do grupo de reflexão como instrumento de aprendizagem.

TERAPIA DO GRUPO FAMILIAR

A terapia familiar sistêmica introduziu novas e revolucionárias técnicas de supervisão, tais como uso do espelho unidirecional para supervisão "ao vivo", o emprego do interfone para comunicação entre supervisor e supervisionado em cada lado do espelho e a filmagem das sessões e gravação em videoteipe para discussão posterior.

Outras variantes do processo de supervisão foram sendo paulatinamente introduzidas com os desdobramentos do pensamento sistêmico, tais como a introdução do supervisor durante a sessão como uma espécie de consultor interno; a eventual substituição do terapeuta por seu supervisor na condução de determinada sessão (ficando o supervisionado na sala do outro lado do espelho, quando isso ocorrer); a ocorrência da inversão de papéis, funcionando ocasionalmente o terapeuta como "supervisor" de seu supervisor quando ele entra em cena; a utilização das chamadas equipes reflexivas, introduzindo a própria família na discussão do atendimento que lhe está sendo proporcionado, e assim por diante.

Todas essas modificações do modelo clássico de supervisão pelo relato verbal ou por escrito das sessões trouxeram uma mudança fundamental na relação hierárquica supervisor – supervisionado, além de desmitificar a figura do terapeuta, agora exposto pela observação simultânea de suas inseguranças, de seus titubeios, erros e acertos, seu estilo, enfim, revelado por inteiro ao supervisor e quem mais o esteja observando do outro lado do espelho unidirecional. Da mesma forma, com a exposição da maneira de atender por parte do supervisor, muitas vezes realizada pela apresentação de videoteipes de sessões com famílias que está atendendo, cai a exagerada idealização com que os aprendizes encaram seus mestres, além de estes contarem com a possibilidade de confrontar o que lhes é dito no contexto das supervisões e o que o supervisor faz efetivamente em sua práxis.

Com tais inovações, certas questões éticas foram suscitadas, como a decorrente da necessidade de se obter a autorização da família para que a sessão seja observada ou filmada e gravada, bem como de apresentar à família o supervisor e de notificá-la da presença de outros alunos do outro lado do espelho. O sigilo profissional – que antes, quem sabe, servia mais aos propósitos de proteger o terapeuta na exposição de seus equívocos do que aos próprios pacientes em revelar seus conflitos – precisou ser rediscutido neste novo contexto.

Podemos questionar tais modalidades de supervisão introduzidas pela terapia familiar sistêmica, mas indubitavelmente não podemos deixar de reconhecer sua atualidade e gradativa introdução no processo de aprendizagem do trabalho com grupos, familiares ou não. É possível imaginar-se que, ao longo do tempo, o uso do espelho unidirecional e o emprego de sessões filmadas e gravadas se generalizarão nas supervisões de todas as formas de psicoterapias, individuais e grupais, e mesmo – heresia das heresias! – na própria prática psicanalítica.

É INDISPENSÁVEL AO TERAPEUTA DE GRUPOS TER VIVENCIADO COMO PACIENTE UMA EXPERIÊNCIA PSICOTERÁPICA?

Como a matriz do treinamento de psicoterapeutas foi a formação psicanalítica nos moldes sugeridos por Eitington e chancelados por Freud, em que o ser analisado é *conditio sine qua non* para tornar-se psicanalista, entendeu-se a partir de então que, se não é indispensável, é altamente recomendável que todo psicoterapeuta passe por uma experiência como paciente de um processo psicoterápico. Ora, a exigência em analisar-se não significa competência para fazê-lo; passar por uma experiência no divã sem condições de analisabilidade ou aquisição de *insight* pode ser o mero cumprimento de uma formalidade, muitas vezes em um conluio, consciente ou inconsciente, entre analista e paciente por contingências políticas e institucionais vigentes em muitos institutos formadores.

Por tal razão cremos que tornar compulsória a experiência psicoterápica do futuro grupoterapeuta não acrescenta qualidade ao processo de aprendizagem, embora concordemos que sua disponibilidade para o auto-conhecimento proporcionado por essa experiência seja um importante diferencial em sua habilitação para o mister de atender grupos.

Discute-se ainda se bastaria que o futuro grupoterapeuta houvesse se submetido a uma psicoterapia individual para estar habilitado a entender o processo terapêutico grupal, em muitos aspectos tão distinto do individual. Penso que mesmo que o grupoterapeuta vá trabalhar apenas com as ferramentas proporcionadas pela psicanálise no atendimento de seus grupos, focado na obtenção de *insights* via interpretações transferenciais, sua vivência como paciente de um grupo terapêutico lhe proporciona um importante vantagem em relação a quem não a possui.

Enquanto na formação psicanalítica, segundo os critérios estabelecidos pela entidade mater fundada por Freud, a análise didática, ou seja, dos futuros analistas, é considerada peça fundamental, no treinamento dos terapeutas de família da linha sistêmica não se estabeleceu exigência equivalente, permanecendo em seus fundamentos o eixo de seminários teóricos e trabalho supervisionado.

À medida que foram se sucedendo as gerações de terapeutas de família, foi sendo percebida a necessidade de, a exemplo do que postulavam os psicanalistas quanto à importância de seus praticantes se analisarem antes de analisarem seus pacientes, possibilitar-lhes oportunidades de examinarem melhor suas próprias relações familiares durante seu preparo para atender famílias alheias.

Assim surgiram as práticas denominadas "trabalhar a família do terapeuta" ou ainda "trabalhar o *self* do terapeuta" (em que se denota uma preocupação que vai além do mero exame das relações do terapeuta com sua família de origem para levá-lo a exercícios de *insights* sobre sua realidade psíquica, revelando valorização do autoconhecimento como ferramenta indispensável para o exercício de funções psicoterápicas). Tais atividades, hoje extensamente incluídas nos cursos para terapeutas de famílias, são, guardadas as devidas proporções, o equivalente da análise didática no modelo tripartite da formação psicanalítica, e evidenciam o reconhecimento, mesmo pelos terapeutas de famílias sistêmicos, da importância de se ter um maior conhecimento de nosso mundo relacional interno para se exercer a função de terapeutas.

Ainda que longe de poder proporcionar o grau de aprimoramento de seu instrumento psíquico que se propõe a oferecer a experiência continuada de uma análise pessoal, cremos que tais práticas, agregadas à referenciação dos terapeutas de famílias, só lhes acrescenta valor.

UM MODELO DE APRENDIZAGEM DE GRUPOTERAPEUTAS

Tentando responder à indagação contida no título deste capítulo, diríamos que, para a aprendizagem de uma ou de distintas modalidades grupoterápicas, é mister uma visão interdisciplinar que possa oferecer ao iniciante um espectro diversificado de possibilidades de entender e atender grupos. Em nossa experiência, os marcos referenciais teórico-técnicos oferecidos pela psicanálise, pelo psicodrama, pela dinâmica de grupos, pela teoria dos vínculos e dos grupos operativos, pela teoria sistêmica e da comunicação humana, aos quais se poderia acrescentar o enfoque behaviorista ou comportamentalista, constituem uma gama suficientemente ampla e consistente para sustentar qualquer abordagem grupoterápica.

Vejamos esquematicamente, a partir de nossa posição ideológica no que diz respeito à tarefa de educar novas gerações de grupoterapeutas, como se processa essa aprendizagem.

Transmissão de conteúdos teóricos

Os marcos referenciais teóricos de que nos utilizamos em nossa prática com grupos, com as contribuições que nos oferecem, são os seguintes:
- Psicanálise: proporciona uma teoria dos afetos e a compreensão das motivações inconscientes das ações humanas.
- Dinâmica de grupos: dela vêm as noções básicas de campo grupal, das distintas formas de liderança e do exercício da autoridade, bem como do aprendizado da autenticidade, fulcro das relações interpessoais.

- Teoria dos vínculos e dos grupos operativos: propõem a forma de discernir os objetivos (tarefas) dos grupos e o modo de abordá-los operativamente, a partir dos vínculos relacionais.
- Psicodrama: enseja a visualização dos papéis designados no cenário dos sistemas humanos e a utilização do role-playing como ferramenta operacional.
- Teoria sistêmica: trouxe a possibilidade de perceber e de discriminar o jogo interativo dos indivíduos no contexto grupal e, a partir dessa percepção, catalisar as mudanças possíveis no sistema, trabalhando com os elementos fornecidos pela teoria da comunicação humana, no sentido de esclarecer os mal-entendidos e desfazer os "nós comunicacionais" que obstaculizam o fluxo operativo.

Estes marcos referenciais são aqueles com os quais entramos em contato ao longo de nossa trajetória como psicoterapeuta. Sempre enfatizamos aos que freqüentam nossos cursos que há outros tantos suportes teóricos para a prática psicoterápica, mas que só nos propomos introduzir ao estudo aqueles com os quais estamos familiarizados. E que a esses fundamentos epistemológicos outros mais vêm se acrescentando com o surgimento de novos paradigmas, como os referidos no capítulo inicial.

Ainda que estar familiarizado com apenas um ou outro desses referenciais possa ser suficiente para trabalhar com grupos na clínica, entendemos que a plurirreferencialidade mencionada enriquece sobremaneira a prática grupoterápica e dá ao profissional condições para articular suas inclinações, seus pendores e seu estilo próprio como terapeuta em uma rede de conceitos e práticas capazes de proporcionar-lhe segurança e ampliar competências.

A interdisciplinaridade internalizada, por sua vez, é um exercício grupal que por si só condiciona o grupoterapeuta a conviver com as diferenças e aprender a lidar com elas no contexto dos grupos que atende.

A transmissão dos conteúdos teóricos é feita por meio da discussão do material bibliográfico sugerido e previamente lido pelos educandos. Sempre que possível, tais conteúdos são relacionados com a prática mediante a projeção de vídeos editados, *role-playings*, de relatos de situações vivenciais ou de casos clínicos, tanto de nossa parte como pelos educandos.

APRENDIZADO PRÁTICO-VIVENCIAL

A linha mestra da referenciação que propomos apóia-se no tripé conhecimentos, habilidades e atitudes. Ora, conhecimentos se adquirem, habilidades se desenvolvem e atitudes constroem-se na interação com os outros a partir dos traços de caráter, de posturas ideológicas e de valores prévios com que os educandos chegam ao processo de aprendizagem de uma determinada prática profissional. Entendemos que sejam, sobretudo, as atitudes que qualificam um terapeuta, mas é justamente em seu aprimoramento que qualquer metodologia de ensino mostra limitações. Temos procurado, em nosso modelo de aprendizagem, pôr ênfase no desenvolvimento de atitudes capazes de potencializar a função cuidadora dos grupoterapeutas e seu indispensável respeito à autonomia e à individualidade de seus pacientes.

Consideramos ainda que o próprio grupo constituído por educandos e educador pode ser uma matriz da aprendizagem, por meio das vivências compartidas e do pensamento cooperante em torno da tarefa de ensino-aprendizado comum a todos os membros do grupo. Isso é obtido com a instrumentalização do modelo de grupo operativo aplicado à área de aprendizagem, conforme proposto por Dellarossa (1979), com os grupos de reflexão. Esses grupos, realizados ao final dos módulos de aprendizagem, têm por finalidade precípua desenvolver as habilidades dos participantes de "pensar" o próprio grupo a partir de uma experiência compartilhada de aprendizagem. Mantêm, contudo, uma cuidadosa discriminação entre a proposta de utilizar os sentimentos emergentes do grupo para compreender os fenômenos grupais (e simultaneamente desenvolver as habilidades de seus componentes) e qualquer outra intenção de cunho psicoterápico dirigida a seus membros, que não é obviamente a proposta desse espaço reflexivo sobre como se está realizando a tarefa de aprendizagem sobre os grupos terapêuticos.

Last but not least, nada se sobrepõe ao talento, à disponibilidade para a tarefa e ao estilo do grupoterapeuta para os resultados de sua aprendizagem. E isso não se adquire; possui-se.

UM MODELO DE APRENDIZAGEM DE TERAPIA DE FAMÍLIAS

Esquema geral dos cursos

Os cursos são ministrados em módulos teórico-práticos com duração média de 10 horas/aula, constando cada módulo de três momentos distintos:
1) discussão do material teórico previamente indicado;
2) ilustração prática (por meio de apresentação de material clínico, *role-playings*, de filmes, de peças teatrais ou de obras literárias); e
3) grupos de reflexão sobre as atividades realizadas e/ou sobre as vivências familiares dos alunos.

Como os cursos de especialização em terapias de famílias que ministramos atualmente obtiveram reconhecimento pelo MEC por meio de nosso convênio com uma instituição universitária, estamos sujeitos a uma carga horária mínima para os conteúdos teórico-práticos e a exigências de trabalho supervisionado, bem como a elaboração de uma monografia final para a obtenção do título de especialista. Frise-se, contudo, que a obediência a tais critérios visa, sobretudo, atender aos interesses dos próprios alunos na obtenção de um título que os credencie no mercado de trabalho, pois, em nosso entender, um preparo adequado para o exercício da prática como terapeutas de famílias transcende o cumprimento de exigências burocráticas.

Por outro lado, quanto à seleção de alunos para tais cursos, pensamos que mais importante do que a área de graduação prévia do candidato (medicina, psicologia, serviço social, enfermagem e outras disciplinas no campo da saúde) são as condições pessoais e as inclinações vocacionais do futuro aluno. Nossa experiência tem nos confirmado que não é a faculdade de onde saiu o terapeuta de família e sim seu perfil psicológico e seu talento inato para a função cuidadora que o trabalho terapêutico exige o que determina sua adequação para o mister.

Conteúdos teóricos

Com relação aos conteúdos teóricos, é nossa convicção que, antes de estudarmos as disfunções familiares que motivam a busca de atendimento ou de passarmos logo à abordagem das técnicas preconizadas pelas distintas escolas ou correntes de terapia familiar, como fazem inúmeros centros formadores, faz-se mister que se introduzam os distintos conceitos de família e que se faça uma revisão das várias modalidades que a estrutura familiar assumiu ao longo dos tempos até chegar à sua feição contemporânea e às transformações por que vem passando nesses tempos de aceleradas mudanças tecnológicas e socioculturais. Também entendemos ser pertinente o estudo pormenorizado do ciclo da vida familiar, em suas nuances e variações ocorridas pelas referidas transformações, como pré-requisito ao entendimento das vicissitudes da vida familiar e escolha dos procedimentos para mitigá-las.

Só após essa visão panorâmica sobre a evolução da família até nossos tempos e o estudo dos papéis e funções dos diferentes membros do grupo familiar no seu contexto atual (levando-se em conta as singularidades do meio socioeconômico e cultural em que se insere) é que passamos ao estudo das contribuições dos vários marcos referenciais teórico-clínicos ao atendimento da família. Recorde-se que nosso enfoque é multidisciplinar, e abrange tanto a teoria psicanalítica quanto a sistêmica, além das contribuições do psicodrama e da valorização dos conhecimentos de dinâmica de grupo e de grupos operativos como substrato à abordagem do grupo familiar.

Os módulos mencionados anteriormente são distribuídos em blocos sucessivos assim seqüenciados:

Novos paradigmas e interdisciplinaridade no estudo dos sistemas humanos, em que se procura dar uma visão geral dos novos paradigmas no campo das ciências em geral e enfatizar a terapia de famílias como a face clínica do paradigma emergente, bem como acentuar a importância do enfoque interdisciplinar em seu estudo.

Introdução ao estudo do casal e da família, em que se abordam as distintas conceituações de família, sua origem e evolução ao longo dos tempos, os papéis e funções familiares e suas redefinições na família contemporânea, os novos paradigmas relacionais dessa família em função das reconstruções familiares, a questão da sexualidade e do exercício da autoridade e do poder nas famílias e, finalmente, os diversos momentos do ciclo da vida familiar, bem como algumas vicissitudes desse ciclo tais como perdas, separações, doenças, migrações, etc.

Abordam-se ainda as disfunções familiares, procurando descaracterizá-las como expressão de "psicopatologia", já que esse termo pertence ao território do mundo intrapsíquico. Estudam-se aí os distúrbios da estrutura familiar, por separação do casal ou cisões intra e intergeracionais, dos vínculos familiares (rigidez ou lassidão), da identidade do grupo familiar (aglutinação ou dispersão) e do comportamento intrafamiliar (perversões sexuais, abandonos, abuso de poder).

Psicanálise aplicada à terapia de casais e famílias, em que vemos as contribuições da psicanálise à compreensão dos conflitos familiares e sua maneira de abordá-los segundo as diferentes escolas de terapia familiar psicanalítica.

Psicodrama aplicado à terapia de casais e famílias, em que se estudam as bases teóricas da teoria psicodramática sobre a espontaneidade e os papéis desempenhados no grupo familiar, bem como se apresentam as técnicas de abordagem psicodramática centradas no *role-playing*.

Teoria sistêmica e da comunicação humana, em que são enfocadas as bases teóricas da terapia familiar sistêmica e as diversas correntes e escolas surgidas ao longo de seu desenvolvimento.

Mediação familiar e empresas familiares, em que são apresentados os fundamentos da mediação e sua distinção dos procedimentos terapêuticos, bem como sua aplicação na consultoria a empresas familiares.

Terapia comunitária, em que se introduz essa modalidade de atendimento das famílias no âmbito de suas comunidades, enfatizando-se seu surgimento como uma contribuição brasileira ao campo das abordagens grupais.

Metodologia da pesquisa em terapia familiar, disciplina introduzida não só por razões acadêmicas e para guiar os alunos na elaboração de suas monografias ao final do curso, mas também por pensarmos, como Yalom (2006), que "mesmo que os terapeutas não façam pesquisas pessoalmente, eles devem saber como avaliar as pesquisas de outros profissionais".

PRÁTICA SUPERVISIONADA (INTERVISIONADA)

Quanto à prática da supervisão – denominação que conservamos por ser consagrada pelo uso, ainda que divergindo de sua concepção original – do "outro lado do espelho unidirecional", prática generalizada entre os terapeutas de família da linha sistêmica, temos restrições por nos parecer que inibe a espontaneidade do terapeuta em treinamento e tolhe sua criatividade, embora suas vantagens compensem em muito as desvantagens do relato verbal ou por escrito das sessões.

Não nos valemos da prática de exibir vídeos com sessões por nós conduzidas, para não induzir à prática de imitar-se um modelo alheio pela inclinação a idealizar-se o saber e o comportamento dos "mestres". Por outro lado, cada sessão tem sua história e desenrolar único e não permite sua generalização ou transposição para outras situações vivenciadas pelo mesmo terapeuta ou por outros, e a tendência é que se escolham sessões em que achamos que nos desempenhamos bem para exibir aos alunos, o que favorece a idealização por parte dos supervisionados.

Além do relato ou da exibição de videoteipes de sessões conduzidas pelos alunos para o trabalho de intervisão, pensamos ser também útil a consultoria interna, em que o professor entra na sala e participa da sessão, com a devida anuência da família, justamente como quem vai apenas oferecer um "outro olhar" sobre a situação em pauta, sempre com o cuidado de qualificar junto à família o terapeuta em treinamento como o coordenador do processo terapêutico, que irá continuar sob sua orientação após essa intervenção pontual do "intervisor".

VIVÊNCIAS FAMILIARES DOS ALUNOS

Este é um espaço de aprendizagem a que conferimos particular importância em nossos cursos. Corresponde ao que outras instituições de ensino em terapia familiar chamam trabalhar o *self* do terapeuta ou trabalhar a família do terapeuta.

Utilizando-nos do modelo operativo dos grupos de reflexão aplicados à área de aprendizagem, segundo Dellarossa (1979), estabelecemos em nossos cursos de especialização em terapia de casais e famílias, um espaço vivencial que denominamos "grupos de reflexão sobre as vivências familiares". Nessa oportunidade os alunos trazem suas reflexões sobre as famílias de origem e suas famílias atuais para compartilhar com o grupo de colegas, sob nossa coordenação. Para auxiliar o aporte de informações sobre suas respectivas famílias, os alunos são encorajados a se valer dos meios que julguem expressar melhor suas impressões e seus sentimentos, desde a clássica apresentação do genetograma* comentado até a apresentação de fotos, vídeos, desenhos, textos ou melodias evocativas, e tudo o mais que sua escolha espontânea e criativa proponha.

Esses momentos são subdivididos em duas fases: apresentação e revisão, de duração variável (até que a experiência nos indique um tempo médio conveniente para reservar a tais vivências). A revisão destina-se à avaliação por parte do apresentador, com o auxílio dos demais componentes do grupo e do(s) coordenador(es) do curso, do impacto mobilizador de tais vivências. Também se procura avaliar qual a contribuição potencial dessa atividade ao trabalho de cada um com as famílias que atende.

Seguindo os delineamentos técnicos e os propósitos dos grupos de reflexão, evitamos que tais momentos se transformem em sessões psicoterápicas, embora reconhecendo, com Pichon-Rivière (1980) que, na prática, aprendizagem e terapia se confundem. Alguns de nossos alunos têm emergido desses exercícios vivenciais sobre suas relações familiares mobilizados para continuar examinando tais relações no contexto de terapias individuais ou grupais fora do âmbito do curso.

---

* Preferimos esta denominação a "genograma", já comprometida com a designação do exame laboratorial para determinar o perfil genético de um indivíduo.

20
O futuro das grupoterapias

Há algum tempo as grupoterapias deixaram de ser consideradas uma forma menor de abordagem terapêutica ou uma alternativa para as psicoterapias individuais. Hoje, e cada vez mais, assumem a posição de relevo que lhes corresponde no universo das práticas psicoterápicas.

Houve época em que se atribuía valor e importância às abordagens grupais apenas por suas vantagens quanto ao custo por paciente. Se ainda restassem dúvidas quanto à eficácia das grupoterapias, bastaria que se fizesse menção a esta observação feita por Yalom (2006), cujas credenciais como pesquisador e professor de uma das mais respeitadas universidades norte-americanas o tornam indiscutível referência na área "psi":

Em uma revisão de 32 estudos experimentais controlados que compararam as terapias de grupo e individual, a terapia de grupo foi mais efetiva do que a individual em 25% dos estudos; nos outros 75% não houve diferenças significativas entre elas.

Não seria possível falar no futuro das abordagens grupais sem considerá-lo à luz de suas origens e levar em conta as vicissitudes de sua evolução até o presente.

A rigor, a grupoterapia descende de três linhas teóricas: a psicanálise, o psicodrama e a teoria sistêmica (com seus estreitos liames com a teoria da comunicação humana). Há que se mencionar, em um lócus à parte, os conhecimentos oriundos da dinâmica de grupo, que encaramos como um vértice dialético com o qual se articulam os outros três referenciais teórico-clínicos mencionados. Em uma imagem comparativa, a dinâmica de grupo seria a argamassa, e as demais teorias, os tijolos da construção das abordagens grupais.

A psicanálise, como método clínico, pressupõe uma relação dual, enquanto a grupoterapia psicanalítica foi em seus primórdios, como vimos, uma extrapolação das circunstâncias da relação dual para a grupal, o que, além de ter se revelado incongruente do ponto de vista teórico, acabou se mostrando disfuncional do ponto de vista clínico. Além disso, tal situação acabou determinando resistências e objeções dentro do movimento psicanalítico por parte de uma significativa parcela de psicanalistas que não consideravam exeqüível o estabelecimento de um processo analítico no contexto grupal. Assim, a grupoterapia de orientação ou base analítica acabou sendo considerada uma "filha bastarda" da psicanálise, tida por ela como um procedimento que, se lhe herdou inegavelmente as características estruturais, não mereceria, contudo, herdar-lhe a designação.

O psicodrama, como técnica psicoterápica, é, por sua vez, um derivado, até certo ponto tardio, da sociometria moreniana. Como ferramenta terapêutica, surgiu em uma fase bastante avançada das teorias de Moreno (1974) e como desdobramento de seus estudos sobre a espontaneidade, a interação dos papéis dentro dos grupos e a catarse grupal.

A teoria da comunicação humana desenvolveu-se a partir dos estudos sobre o duplo vínculo na relação mãe-filho na gênese dos processos esquizofrênicos. Portanto, também se originou no estudo de uma relação dual, e igualmente sob a égide do paradigma linear, padrão causa-efeito, ainda vigente em seus primórdios.

Com o advento do paradigma circular, sustentáculo da teoria sistêmica e seus desdobramentos, houve uma inequívoca valorização do espaço grupal como propício às abordagens psicoterápicas. Desde então as grupoterapias em geral só têm prosperado, acompanhando o já mencionado *boom* das terapias familiares na crista da onda novo-paradigmática.

Em suas origens, a grupoterapia pode ser considerada, para se usar uma expressão cabocla, o "bagaço de cana" do método psicanalítico, e isso a levou às vicissitudes de uma crise de identidade como instrumento psicoterápico, o que se evidenciava pelas oscilações ciclotímicas de sua evolução e pela falta de um espaço definido para ela na formação dos psicoterapeutas.

Não obstante – a partir do reconhecimento da crescente importância dos grupos no contexto da vida contemporânea –, houve uma gradativa aceitação dos grupos terapêuticos como via de acesso ao alívio dos padecimentos humanos.

Mencionou-se anteriormente a importância dos grupos nos dias de hoje. Acho que não seria exagero afirmar-se que o mito grupal é um dos mitos de nossos tempos. O grupo foi sendo mitificado na medida em que o indivíduo perdia expressão como agente concentrador, esta abstração que foi se tornando entidade polarizadora dos desígnios humanos, e efetivamente tem se fragmentado através dos séculos. Das monarquias, com o poder centralizado nas mãos de um indivíduo deificado, o mundo evoluiu para regimes governamentais que gradativamente se aproximam do ideal democrático. Com isso o poder fragmentou-se, diluiu-se, exigindo que os indivíduos se agrupassem conforme seus interesses compartilhados para não perderem o acesso a seu usufruto. Surgiram assim os *lobbies* ou grupos de pressão política. Os grandes grupos empresariais constituiram-se em grupos de atividades polimorfas para garantir sua sobrevivência independente das guinadas das economias nacionais. As multinacionais aí estão para testemunhar a ascensão dos conglomerados internacionais e sua hegemonia sobre as "individualidades" nacionais. E, finalmente, os países agrupam-se para defender interesses político-econômicos comuns, tal como ocorre com a Comunidade Européia de Nações ou com o Mercosul. Em toda a parte e pelas mais distintas razões os indivíduos formam grupos para multiplicar ou para resgatar a cota de poder individual a que se acham com direito ou da qual se julgam despojados. E com isso mitificou-se o grupo.

O grupo, contexto emblemático das ações sistêmicas no campo das ciências humanas, tende a se tornar o espaço reflexivo por excelência em uma era que demanda a aprendizagem da convivência e o desenvolvimento de competências interpessoais como vias para a superação da intolerância e intransigência em relação à diversidade, sem o que a própria sobrevivência da humanidade está ameaçada.

Enquanto, por um lado, hierarquizam-se as ações em detrimento das reflexões na impropriamente chamada pós-modernidade, por outro – e até como uma reação naturalmente esperada –, nunca, como hoje, os seres humanos têm evidenciado tanta necessidade de escuta, de compreensão e compartilhamento para suas angústias existenciais. E que outro espaço interativo para melhor acolher tais demandas que um grupo terapêutico?

Penso que as modalidades psicoterápicas grupais, revigoradas pela seiva alimentadora dos novos paradigmas, constituem-se no ambiente psicoterápico por excelência dos tempos vindouros. O renascimento das grupoterapias nos últimos anos, na formatação dos chamados grupos homogêneos, ou seja, aqueles constituídos por indivíduos com uma circunstância vivencial ou sofrimento compartilhado, evidenciam essa crescente tendência em procurar-se o espaço grupal com objetivos psicoterápicos.

Outra circunstância – esta no âmbito da própria técnica psicoterápica – concorre para que se vaticine a hegemonia das terapias grupais no futuro. É perceptível a inflexão das psicoterapias em geral no sentido de priorizar o exame do destino e não mais da origem dos conflitos psíquicos. Das indagações iniciais sobre os "porquês", que marcaram os primeiros passos da psicanálise, fomos gradativamente nos inclinando à busca do conhecimento dos "como" e dos "para que" de nossas atitudes e das alheias.

Por outro lado, as evidências sobre a multideterminação dos fenômenos, quer na esfera da natureza física como na humana, abalaram um dos pilares da teoria elaborada por Freud: a noção do determinismo psíquico. Também a concepção do irredutível efeito dos traumas infantis sobre a mente do adulto tem sido revista com a entrada em cena do conceito de resiliência.

Em lugar da indiscutível transposição de sentimentos arcaicos para a relação transferencial, fulcro do trabalho interpretativo do método psicanalítico, passou-se a considerar a hipótese de que as transformações destes sentimentos ao longo de sua trajetória por múltiplos relacionamentos os modificassem de tal forma que seria um reducionismo simplista querer atualizá-los na transferência, como a psicanálise propõe.

O presente e o futuro, e não mais o passado, passaram a centralizar as ações terapêuticas dos novos procedimentos. É possível que para isso tenham contribuído também os escassos resultados terapêuticos obtidos em certos quadros psicopatológicos de importância epidemiológica pelas técnicas que privilegiam a reconstrução do passado.

Alguns autores contemporâneos enfatizam que a principal razão por que as pessoas buscam auxílio psicoterápico em nossos dias não é o desejo de ver esclarecido o passado imutável, e sim sua insatisfação com o presente e o desejo de introduzir nele mudanças que permitam redimensionar suas potencialidades humanas no futuro.

Se de certa forma o "com que propósitos" substituiu o "qual a causa" na indagação prevalente entre pacientes e psicoterapeutas atuais, é possível cogitar-se que seus questionamentos dirijam-se doravante à prospecção de "saídas" e não mais à busca das portas por onde entramos no que se constituem as aflições humanas.

E o lugar do questionamento prospectivo é por excelência o grupo, pois nele encontramos os elementos continentes adequados para questionar o sentido da vida e, sobretudo, para enfrentarmos a realidade de nossa finitude.

Contatar com o futuro significa ineludivelmente enfrentarmo-nos com a inevitabilidade da morte, e isso reedita a angústia de separação presente no outro extremo do ciclo vital, quando o bebê está iniciando seu processo de separação/individuação. Uma das funções primordiais dos grupos humanos é justamente dar sustentação à fragilidade do ser humano no seu périplo existencial, permitindo que a cada momento encontremos no grupo, seja ele o grupo familiar de origem, os chamados "grupos de iguais" na adolescência, os demais grupos sociais a que nos vinculamos na idade adulta ou, muito particularmente, os grupos terapêuticos, o continente para nossas angústias existenciais.

Concluindo, alinharemos, em um breve exercício prospectivo, alguns desenvolvimentos que julgamos que irão acontecer no modo como utilizaremos as abordagens grupais nas próximas décadas:
1) Haverá um incremento do estudo dos fenômenos grupais sob a visão novo-paradigmática, o que trará como conseqüência um novo e definitivo impulso à sua compreensão e aplicabilidade, tanto no desenvolvimento das técnicas grupoterápicas quanto no trabalho com grupos em geral.
2) A grupoterapia, incorporando as noções oriundas do paradigma sistêmico, se constituirá em cada vez mais valiosa modalidade psicoterápica por meio, sobretudo, dos chamados grupos homogêneos, constituídos por membros que compartem determinado momento ou circunstância vivencial (como nos grupos de adolescentes, gestantes, idosos), ou determinada fonte de sofrimento psíquico (distúrbios psicossomáticos em geral, drogadições, cirurgias mutiladoras, doenças degenerativas, deficiências físicas, etc.). Por outro lado, as práticas grupais se disseminarão como inestimáveis recursos preventivos, associados à concepção holística de saúde, por sua contribuição à manutenção da qualidade de vida psicossocial, que é indissociável da competência relacional buscada pelos processos grupais.
3) A psicoterapia do grupo familiar continuará sua expansão, a partir do encontro da vertente teórica analítica com a sistêmica, enriquecidas com as técnicas psicodramáticas e outras. Esta expansão, já em pleno processamento, nos permite vaticinar que a psicoterapia do grupo familiar e suas variantes serão as modalidades psicoterápicas prevalentes nas próximas décadas.
4) As abordagens grupais serão o território em que se construirão as práticas interdisciplinares inerentes à visão novo-paradigmática.

Referências

ANTHONY, J. Reflections on twenty-five years of group psychotherapy. *International Journal of Grouptherapy*, v.3; p.277, 1988.
ANZIEU, D. *El psicodrama analítico en el niño*. Buenos Aires: Paidós, 1961.
ANZIEU, D. et al. *O trabalho psicanalítico nos grupos*. Lisboa: Moraes, 1978.
BERTALANFFY, L. Von. *Teoria geral dos sistemas*. Petrópolis: Vozes, 1975.
BATESON, G. et al. *Interaccion familiar*. Buenos Aires: Tiempo Contemporaneo, 1971.
_____. *Pasos hacia una ecologia de la mente*. Buenos Aires: Carlos Lohlé, 1988.
BION, W. *Experiência com grupos*. Rio de Janeiro: Imago, 1970.
BLAYA, M. Ambientoterapia: comunidade terapêutica. *Arq. de Neuropsiq.*, v. 21, n. 1, 1963.
BOX, S. *Psicoterapia com famílias*: uma abordagem psicanalítica. São Paulo: Casa do Psicólogo, 1994.
BUSTOS, D. *El Psicodrama*: diferentes aplicaciones de la técnica psicodramática. Buenos Aires: Plus Ultra, 1974.
_____. *Psicoterapia psicodramática*. Buenos Aires: Paidós, 1975.
CAMPOS-AVILLAR, J. Foulkes' network theory and the scope of group analysis in family therapy. In: *The individual and the group*: boundaries and interrelations New York: Pines and Rafelsen, 1982. v.1.
CAPRA, F. *O tao da física*. São Paulo: Cultrix, 1995.
CORTESÃO, E.L. *Grupanálise*: teoria e técnica. Lisboa: Fundação C. Gulbenkian, 1989.
DELLAROSA, A. *Grupos de reflexión*. Buenos Aires: Paidós, 1979.
DEMO, P. *Introdução à metodologia da ciência*. São Paulo: Atlas, 1987.
EIGUER, A. *Um divã para a família*. Porto Alegre: Artmed, 1985.
FERNANDES, W. et al. *Grupos e configurações vinculares*. Porto Alegre: Artmed, 2003.
FERRARINI, A.V. *A construção social da terapia*: uma experiência com redes sociais e grupos multifamiliares. Porto Alegre: Metrópole, 1988.
FERREIRA, R.F.; ABREU, C. N. de. *Psicoterapia e construtivismo*. Porto Alegre: Artmed, 1998.
FOULKES, S.H. et al. *Psicoterapia de grupo*. São Paulo: Ibrasa, 1972.
FREUD, S. Caminhos de progresso na terapia psicanalítica. In: _____. *S.E.B.* Rio de Janeiro, 1976. v.19.
_____. Psicologia das massas e análise do ego. In: S.E.B., Rio de Janeiro: Imago, v.19, 1976 (1921).

GARCIA, O. A. de. Psicodrama. In: OSORIO, L.C. et al. *Grupoterapia hoje*. Porto Alegre: Artmed, 1986.
GOTTSCHALL, C.A.M. *Do mito ao pensamento científico*. São Paulo: Atheneu, 2003.
GRANDESSO, M.A. *Sobre a reconstrução do significado:* uma análise epistemológica e hermenêutica da prática clínica. São Paulo: Casa do Psicólogo, 2000.
GRINBERG, L.; LANGER, M.; RODRIGUÉ, E. *Psicoterapia del grupo*. Buenos Aires: Paidós, 1957.
GROF, S. *Além do cérebro*. Lisboa: Mc. Graw-Hill, 1988.
GÜNTRIP, H. *El self en la teoría y la terapia psicoanalíticas*. B. Aires: Amorrortu, 1973.
HEIMANN, P. On countertransference. *International Journal of Psycho-analysis*, v.31, p.81-84, 1950.
KÄES, R. *Le groupe et le sujet du groupe*. Paris: Dunod, 1993.
KANNER, L. *En defensa de las madres*. Bueno Aires: Hormé, 1961.
KAPLAN, H.; SADOCK, B. *Compêndio de psicoterapia de grupo*. 3.ed. Porto Alegre: Artmed, 1996.
KOZULIN, A. *La psicologia de Vygotski*. Madrid: Alianza, 1994.
KUHN, T. *A estrutura das revoluções científicas*. São Paulo: Perspectiva, 1994.
LEAL, M.R.M. *A grupanálise:* processo dinâmico de aprendizagem Lisboa: Fim de Século, 1997.
LEWIN, K. *Resolving social conflicts*. New York: Harper & Brothers, 1948.
_____. *Field theory in social sciences*. New York: Harper & Brothers, 1951.
LIBERMANN, D. *Comunicación y psicoanálisis*. Buenos Aires: Altex, 1976.
MAHONEY, M.J. *Processos humanos de mudança:* as bases científicas da psicoterapia. Porto Alegre: Artmed, 1998.
MAILHIOT, G. *Dinâmica e gênese dos grupos*. São Paulo: Livr. Duas Cidades, 1981.
MAISONDIEU, V.; MÉTAYER, L. *Les thérapies familiales*. Paris: Presses Universitaires de France, 1983.
MAISONNEUVE, J. *La dinamique des groupes*. 10.ed. Paris: Presses Universitaires de France, 1993.
MARTINS, R. Contribuições de Freud à psicoterapia de grupo. In: OSORIO, L.C. et al. *Grupoterapia hoje*. Porto Alegre: Artmed, 1986.
MEYER, L. *Família:* dinâmica e terapia. São Paulo: Brasiliense, 1983.
MORENO, J.L. *Psicodrama*. Buenos Aires: Paidós, 1974.
MORENO, J.L. apud GARCIA, O.A. Psicodrama. In: OSORIO, L.C. et al. *Grupoterapia hoje*. Porto Alegre: Artmed, 1986. p. 203.
NAVA, A.S. *O cérebro apanhado em flagrante*. Lisboa: Climepsi, 2003.
NERI, C. *Grupo*. Rio de Janeiro: Imago, 1999.
NICHOLS, M.P.; SCHWARZ, R.C. Family therapy: concepts and methods. 7th ed. Boston: Pearson, 2006. Publicado pela Artmed em 2007.
OSORIO, L.C. *Ambientoterapia na infância e adolescência*. Porto Alegre: Movimento, 1975.
_____. *Grupos:* teorias e práticas. Porto Alegre: Artmed, 2000.
_____. *Grupoterapia hoje*. Porto Alegre: Artmed, 1986.
_____. *Psicologia grupal:* uma nova disciplina para o advento de uma nova era. Porto Alegre: Artmed, 2003.
_____. *Terapia de famílias:* novas tendências. Porto Alegre: Artmed, 2002.
PICHON-RIVIÈRE, E. *El proceso grupal*. Buenos Aires: Nueva Visión, 1971.

_____. El concepto de portavoz. *Temas de Psicologia Social,* Buenos Aires, ano 2, v. 2, p. 7-13, 1978.
_____. Historia de la técnica de los grupos operativos. *Temas de Psicología Social,* Buenos Aires, ano 4, n. 3, p. 7-18, 1980.
_____. *Psicologia de la vida cotidiana.* Buenos Aires: Nueva Visión, 1985.
_____. *Teoría del vínculo.* Buenos Aires: Nueva Visión, 1985.
RICHTER, H. *The family as a patient.* New York: Farrar, Strauss & Giroux, 1974.
RODRIGUÉ, E. *Biografia de una comunidad terapéutica.* Buenos Aires: Eudeba, 1965.
RUFFIOT, A. *La thérapie familiale psychanalytique.* Paris: Bordas, 1981.
SCHNITMAN, D.F. et al. *Novos paradigmas, cultura e subjetividade.* Porto Alegre: Artmed, 1996.
SEMINOTTI, N. Psicodrama. In: ZIMERMAN, D.; OSORIO, L.C. et al. *Como trabalhamos com grupos.* Porto Alegre: Artmed, 1997
SILVA, L.A.P. de M. Contribuições de Bion à psicoterapia de grupo. In: OSORIO, L.C. et al. *Grupoterapia hoje.* Porto Alegre: Artmed, 1986.
SLUZKI, C.E. *A rede social na prática sistêmica.* São Paulo: Casa do Psicólogo, 1997. Site www.abratecom.org.br. Vídeo apresentado no VII Congresso Brasileiro de Terapia Familiar, Florianópolis, SC, 2004.
SOAR FILHO, E.J. Psiquiatria e pensamento complexo. *Revista de psiquiatria do RGS,* v. 25, n. 2, p. 318-326, 2003.
TUBERT-OKLANDER, J.; PORTARRIEU, M.L. Grupos operativos. In: OSORIO, L.C. et al. *Grupoterapia hoje.* Porto Alegre: Artmed, 1986. p. 135.
VASCONCELOS, M.J.E de. *Terapia familiar sistêmica.* Campinas, SP: Psy II, 1995.
WATZLAWICK, P.; BEAVIN, V.H.; JACKSON, D. *Teoria de la comunicación humana.* Buenos Aires: Tiempo Contemporáneo, 1971.
WHITEHEAD, A.N.; RUSSELL, B. *Principia mathematica.* Cambridge: Cambridge Univ. Press, 1910-1913.
WINNICOTT, D.W. *O ambiente e os processos de maturação.* Porto Alegre: Artmed, 1982.
YALOM, I. Psicoterapia de grupo: teoria e prática. Porto Alegre: Artmed, 2006.
ZIMERMAN, D.E. *Fundamentos básicos das grupoterapias.* Porto Alegre: Artmed, 1993.
ZIMERMAN, D.E.; OSORIO, L.C. *Como trabalhamos com grupos.* Porto Alegre: Artmed, 1997.
ZIMERMAN, D.E. et al. *Como trabalhamos com grupos.* Porto Alegre: Artmed, 1997.
ZIMMERMANN, D. *Estudios sobre psicoterapia analítica de grupo.* Buenos Aires: Hormé, 1969.
_____. *Psicoterapia analítica de grupo.* Buenos Aires: Hormé, 1969.